ビジュアル

日本の服装の歴史

著 ◆ 増田美子

① 原始時代～平安時代

ゆまに書房

もくじ

なぜ人間だけが衣服を着るのでしょう　　　4

I　織物の衣服を着るようになった人たち　　10
縄文時代〜弥生時代

1◆縄文時代の人たちの服装　10

2◆弥生時代の人たちの服装　12

3◆アクセサリーは、生きるためのパワー用品　14

4◆ガラスや金属でもアクセサリーを作ることが始まった　16

II　馬に乗ることを始めた人たち　　18
古墳時代〜白鳳時代前期

1◆貴人層の人たちは、洋服に近い服装になった　18

2◆貴人層のファッションは胡服　20

3◆弥生時代からの装いのままだった一般の人たち　22

4◆冠や服の色で位を分けることが始まった　24

5◆飛鳥時代の人たちの服装　26

| Ⅲ | **中国の唐の服装にあこがれた人たち**
白鳳時代後期〜平安時代前期 | 28 |

1 ◆ **髪型も衣服も変えよう**　28
2 ◆ **服装は法令で決められた**　30
3 ◆ **唐風化の進行**　38
4 ◆ **織物・染物技術の発達**　40

| Ⅳ | **日本独自の服装の誕生**
平安時代前期〜後期 | 42 |

1 ◆ **貴族たちの服装は、大きくゆったりとしたものになっていった**　42
2 ◆ **宮中での装いにはルールがあった**　45
3 ◆ **貴族たちのオシャレ**　53
4 ◆ **庶民や子どもの服装と小袖**　56

なぜ人間だけが衣服を 着るのでしょう

　地球上にはいろいろな動物がいますが、な ぜか服を着ているのは人間だけですね。今 は、ペットに服を着せることがはやっていま すが、それは人間が勝手に着せているにすぎ ません。人類が衣服を着るようになったの は、今から7万2000年ほど前のこととされ ています。このころの遺跡から、コロモシラ ミの化石が発見されたのです。コロモシラミ は頭シラミ（毛シラミ）から枝分かれしたも のですが、これは衣服におおわれた部分に寄 生するシラミなので、人類が衣服を着るよう になった証拠ともなるものです。今から5 万年ほど前になると、骨で作った針が、中国 周口店の上洞遺跡などから出土するように なります。現在の人類の直接の祖先とされる

ホモ＝サピエンスの時代です。おそらくこの 針で毛皮などを縫い合わせて、衣服を作った のでしょう。

　人類は、今から500万年ほど前にアフリ カに住んでいた猿人が進化したと考えられて います。かれらは直立して歩いていましたが、 からだがサルなどと同じように獣毛でおおわ れていたのか、あるいは今の人間のように頭 など保護する必要があるところだけに毛が生 えていたのか全くわかりません。そしてかれ らが衣服を着ていたかどうかもあきらかでは ありません。

　ただ、アマゾンの奥地やインドネシアなど の熱帯地域では、近年まで裸で暮らしていた 人たちがいました。猿人が住んでいたのも熱 帯地域でしたので、かれらと同じように、猿 人たちも裸で暮らしていたと考えるのが素直 でしょう。

　ではなぜ人間の祖先は、他の動物と異なっ て衣服を着るようになったのでしょうか。こ の疑問については、古くから関心が寄せられ、 いろいろな起源論がいわれてきました。まず はそれらの説からみていきましょう。

●**骨で作った針（中国、周口店上洞遺跡）**（著者撮影）

●毛皮を着て暮らしている人たち
（フィンランド、ラップランド地域）
（著者提供絵葉書）

1 からだ保護説

わたしたちが衣服を着る理由の一つにからだを保護する役割があることはたしかです。服は、寒さや強い日差しからからだを守ってくれますし、茨や害虫などからも皮膚を保護してくれます。しかし、現代まで裸でくらしていた人たちの皮膚は硬くてじょうぶで、虫を寄せつけないばかりかジャングルのなかを駆け回っても皮膚を傷つけることはありません。何万年あるいは何十万年も裸でくらしていたと思われる人類の祖先の皮膚も、同じようにじょうぶであったと考えられます。どうも虫や茨などから皮膚を保護する必要はなさそうです。しかし、寒さへの対応はどうでしょう。現代まで裸でいた人たちが住んでいる地域はみな熱帯地域であって、寒さに対する必要性は薄いのです。

最初アフリカに住んでいたとされる人類の祖先は、いろいろな理由で移り住んでいき、住む地域は世界中にひろがりました。現在では人間の住む地域は北極圏までひろがっていますが、このような寒冷な地域に住む人たちは毛皮の衣服を着て寒さからからだを守っています。

中国の北京郊外には、今から50万年ほど昔からヒトの祖先が住んでいたことがあきらかになっています。北京原人です。この地域の冬は寒さが厳しく、氷点下20度以下の気温の日が続きます。かれらは洞窟に住み、火で暖をとっていました。

しかし人間は冬眠ができないので、真冬でも食料を獲りに出かける必要があります。暖かい洞窟からマイナス何十度という外に出なければなりません。この時に、獲物とした動物の毛皮などをからだにまとって出かけることを思いついたのではないかと考えられます。したがってこのからだ保護説は、人類の衣服の起源としては非常に可能性が高いと考えられるものです。

2 羞恥説

わたしたちが衣服を着る理由の一つに、裸で人前に出るのは恥ずかしいというのがありますね。『旧約聖書』の「創世記」に、次のようなお話があります。アダムとイヴは、エデンの園で裸で何不自由なく暮らしていました。しかしある時、禁断の木の実を食べたことから羞恥心（恥ずかしいと感じる心）がめざめます。そこで2人はイチジクの葉をとって生殖器をおおいました。このときから人類は衣服を着るようになったというのがこの起源論です。ヨーロッパでのキリスト教の全盛時代には、これこそが衣服の起源であると信じられていたこともたしかです。

しかし、現代までインドネシアやアマゾン流域で裸でくらしていた人たちのなかには、男女とも生殖器も何もおおっていない人たちもいます。かれらはなんら羞恥心も感じていません。じつは、羞恥心はおおうことから生まれるものなのです。裸で暮らしていたと考えられている人類の祖先に、突然生まれるものではありません。今のわたしたちは衣服を着るのがあたり前になっているため、裸で人前に出るのは恥ずかしいと思うだけなのです。したがって、現在はこの説は完全に否定されています。

3 装飾本能説

飾りたいという思いから人間は衣服を着るようになったという説です。わたしたちも服でいろいろオシャレを楽しんでいますよね。人間には自分を美しくみせたい、そのために飾りたいという本能があり、この本能から衣服を着るようになったというものです。裸でくらしていた人たちをみても、ボディペインティング（からだに赤土・青土や白土でお化粧をすること）や入れ墨をしたり、ネックレスをつけたりする例を多くみかけます。

しかしこれらの多くは、害虫からの皮膚の保護という実用の目的や呪術がその起源で、装飾本能からではないものが多いのです。また、せっかく美しく色をつけたり入れ墨をしたりした皮膚を服でおおってしまったら、その効果も薄れてしまいます。したがって、人間は装飾本能から衣服を着るようになったという説も説得力があまりありません。ただ、美しい豹や虎の毛皮などを、自分の勇ましさを自慢するためにファッションとして装った人もいた可能性は考えられます。しかし、みんながこれを着るようになっていくとは考えにくいですね。

4 呪術説

　今のわたしたちは、お守りの意味で衣服を着ることはほとんどありません。しかし科学が未発達な時代では、悪霊などいろいろな怖しいことから身を守るために何かを身につけたということは十分に考えられます。入れ墨やボディペインティング、そしてネックレスやイヤリングなどのアクセサリー類もその起源は呪術にあることが多いとされています。

　しかしボディペインティングや入れ墨の起源が呪術のためであったとしても、やはりこれを衣服でおおってしまえばその威力は減ってしまいます。また、アクセサリーも衣服ではありません。しかし、特殊な毛皮などに呪力を持たせ、災いから身を守るためにそれをまとうことがおこなわれ、これが一般化して衣服となった可能性も否定はできません。

●パイワン族の部族長
（台湾、高雄）
（1985年撮影　著者提供）

5 特殊性説

　集団で暮らす動物には必ずボス的存在がいますね。人間も集団で暮らしていた動物である以上、当然集団を統率するリーダーがいたと考えられます。リーダーはその存在を示す必要があることから、虎や豹などの勇ましい動物の毛皮をまとってその存在を示した可能性も考えられます。このようにリーダーが特別な存在であることを示すために何かを身につけたこと、これが衣服の起源であるとするのがこの説です。

　たしかにアメリカ先住民の首長の羽冠や、台湾の先住民の部族長のイノシシの牙で飾った冠などのように、部族長は集団の一般の人たちとは違って、一目でリーダーとわかる装いをしている例は多くあります。ただし、この目的でリーダーが毛皮などをまとったとしても、集団のみんなが着るようになってしまうと特殊性の意味が無くなってしまいます。以上のような理由から、この起源論も根拠が薄いと考えられます。

●アメリカ先住民の首長の羽冠とボディペインティング
（衣生活研究会スライド　1972年頃作製）

6 集団性説

　集団で生きてきた人類の歴史には、常に他の集団との争いがつきまとっていました。しかし全員裸では敵味方の区別がつきません。そこで自分の集団を他の集団とみわけるために、自分たちの集団だけある特定の動物の毛皮を着るようになったのではないかというのがこの説です。

　たしかに、裸でくらしている人たちのなかには、ボディペインティングの色や文様で他の集団と区別している例もみられます。しかし、他の集団と区別するためだけでしたら、ボディペインティングや頭飾りなどだけでも十分で、からだを服でおおう必要はなさそうです。

7 紐衣説

　人間が最初に身につけたのは腰紐であるという説です。人類は長いあいだ狩猟・採集の生活をしていました。しかしカゴも袋もない時代では、たくさんの収穫物があったとしても、両手がいっぱいになるとそれ以上運ぶことはできませんでした。そこで頭の良い人が、そばにあった植物の蔓をとって腰にしめ、これに獲物を下げることを考えついたのではないかというのがこの説です。たしかに、腰紐があればナイフなどの狩猟・採集の道具も腰から下げることができますし、両手が自由になるので、狩猟・採集の効率も高まったでしょう。裸でくらしている人たちのなかには、腰紐だけを身

●ダニ族の戦いのためのボディペインティング（インドネシア）（衣生活研究会スライド　1972年頃作製）

●青色の土で縞模様のボディペインティングをしているシクリン族の女性（アマゾン）

（衣生活研究会スライド　1972年頃作製）
シクリン族の人たちは、近年まで裸で暮らしていた。女性たちのボディペインティングは、他の部族と区別するためにおこなっているとのことである。

●ネックレスと腰紐をつけたアマゾンの裸族の女性
（衣生活研究会スライド　1972年頃作製）

につけている例も多くみかけます。
　人類が最初に身につけたのは腰紐ではないかという説は、たしかに説得力のあるものです。しかし残念ながら腰紐は衣服ではありません。物を運ぶ役割は、腰紐だけでじゅうぶんに果たせますから、からだをおおう衣服を着る必要はないのです。しかし、腰紐は衣服を着るための重要なアイテムであることもたしかです。毛皮をまとうにしても腰紐があればからだにとめられますし、生殖器をおおうフンドシなども、腰紐がなければからだにつけることは出来ません。したがって、腰紐は衣服そのものの直接の起源ではありませんが、人間が衣服を着るようになった時に、重要なものであったことはたしかです。

なぜ人間は衣服を着るようになったのでしょう

　以上、現在までいわれてきている7つの起源論をみてきましたが、このなかで、羞恥説・特殊性説はほぼ成立しないことはあきらかです。装飾本能説・集団性説も直接の起源というよりも、二次的な要因と考えられます。やはり一番有力なのは人間が生きることと直接かかわるからだ保護説でしょう。人類の歴史は住む地域の拡大の歴史でもあり、寒い地域に移り住まなければならなかった人たちにとっては、衣服は生命を維持するために欠かすことのできないものだったと考えられます。人類は寒さから身を守るために衣服を着ることを始めたと考えて間違いないでしょう。
　しかし、人類が衣服を着るようになった最初は、生命維持という実用的なものであったとしても、生活に余裕が出てくると、衣服に装飾性や特殊性や集団性を求めるようになったこともたしかです。このことが、いろいろなバリエーションの衣服を生んでいくこととなり、今日に及ぶ人類のファッションの歴史を形づくってきたのです。

I 織物の衣服を着るようになった人たち
縄文時代〜弥生時代

【1】 縄文時代の人たちの服装

　わたしたち日本人の祖先は、今から5万年くらい前、まだ地続きだった大陸から移り住んできたとされています。当時の気温は低く、寒さから身を守るために、動物の毛皮などを着ていたと考えられます。大陸から離れて現在のような日本列島ができたのは、今から1万5000年ほど前の地球温暖化によるものでした。温暖化とともに食べ物の種類も量も増え、人口も増えていきました。

　1万2000年くらい前になると、土器を作って煮炊きをするようになり、さらに1万年ほど前には、縄目を特徴とする土器が作られました。このころになると、竪穴住居を造って一定の場所に住むようになり、イモやマメなどを栽培し、生活も安定していきます。

　日本人が衣服を着ていたことをうかがうことができる最も古い資料は、愛媛県の縄文時代草創期（紀元前12000〜紀元前10000年ごろ）の遺跡から出土した長さ4.5cmの小石です。上半分の線は乳房を想わせ、下半分の線は草を編んだスカートのようなものを推測させますが、たしかではありません。

　縄文時代早期（紀元前10000〜紀元前4000年ごろ）になると編物の衣服が着られるようになりました。熊本県の遺跡から編物を押しつけた痕のある土器が出土しています。そして前期（紀元前4000〜紀元前3000年ごろ）の福井県や山形県の遺跡からは、麻の編物の布のきれはしが出土します。おそらく、縄文時代の人たちは長いあいだ、編物で服を作り、寒い時には上に毛皮を着る生活をしていたのでしょう。

　縄文時代後期（紀元前2000〜紀元前1000年ごろ）になると、織物が普及しまし

●小石（縄文時代草創期）
（「線刻ある礫石」　愛媛県・上黒岩岩陰遺跡　国立歴史民俗博物館蔵　協力：久万高原町教育委員会）

●**女性土偶（縄文時代中期）**
（山梨県・坂井遺跡　坂井考古館蔵
著者提供絵葉書）
前からみると、下半身にスカートをはいているようにみえるが、後ろはヒップ丸出しの姿である。また、妊娠線もくっきりと描かれており、スカートのようにみえる線は入れ墨であろうか。

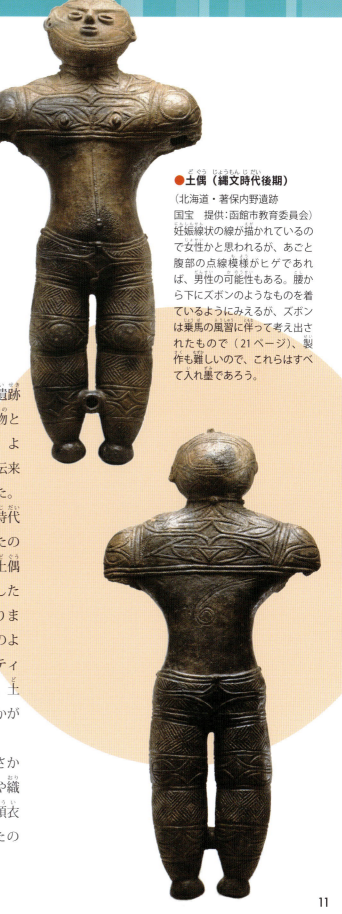

●**土偶（縄文時代後期）**
（北海道・著保内野遺跡
国宝　提供：函館市教育委員会）
妊娠線状の線が描かれているので女性かと思われるが、あごと腹部の点線模様がヒゲであれば、男性の可能性もある。腰から下にズボンのようなものを着ているようにみえるが、ズボンは乗馬の風習に伴って考え出されたもので（21ページ）、製作も難しいので、これらはすべて入れ墨であろう。

た。織物の布のきれはしなどが、各地の遺跡から出土するようになります。織物は編物と違って、経糸を上下させる機を使うので、より高度な技術が必要です。織物の技術の伝来は、日本人の生活を豊かにしていきました。

さて、このような編物や織物で、この時代の人たちはどのような服を作って着ていたのでしょう。この時代に製作された人形に土偶があります。しかし土偶は呪術を目的としたもので、現実の人間の姿そのままではありません。土偶に刻まれたスカートやズボンのようにみえる線も、入れ墨やボディペインティングの可能性が高いのです。したがって、土偶から縄文時代の人たちの衣服の形をうかがうことはできません。

しかし、弥生時代の人たちの衣服からさかのぼって推測することはできます。編物や織物の中央に穴をあけて頭を通して着る貫頭衣（12ページ）のような簡単な衣服だったのではないでしょうか。

11

【2】弥生時代の人たちの服装

　縄文時代の終わりのころになると、金属器（青銅器・鉄器）が使用され、北九州地域では水田で米作りが始まりました（水稲耕作）。食糧の生産量は増え、人口も急激に増えていきます。この人口増に対応するために、肥えた土地や水の使用をめぐって争いがおこり、勝者は敗者を労働力として使うようになりました。こうして、支配者と被支配者の存在する社会になっていきます。

　このころになると大規模な集落がつくられるようになりました。そしてこれらの集落を統合した「国」が各地に生まれ、小国がたくさんある時代となります。この小国が連合し、その中心となったのが邪馬台国と考えられ、そこの女王が卑弥呼でした。

　中国の歴史書『魏志』倭人伝（『三国志魏書』東夷伝倭人の項）は、弥生時代末期（3世紀半ばころ）の日本の様子を書いています。

衣　服

　衣服については、男性は「横幅衣」、女性は「貫頭衣」を着ていると書いています。男性の横幅衣については、「横幅の布をただ結んで連ね、ほとんど縫っていない」と説明していますので、腰巻のようなものや現在でも東南アジアでみられるお坊さんの服のように布を体に巻きつけて着る巻衣が考えられます。しかし、「ほとんど縫っていない」ということは「少しは縫ってある」ことだと考え、図のような形を考えている人もいます。

　女性の貫頭衣は、少し幅の広い布を二つ折りにして、中央に穴をあけ、そこに頭を通して着るというものでしょう。

　この時代の銅鐸や壺などに人物像が描かれていますが（13ページ）、いずれも抽象化されたもので、残念ながら当時の衣服の姿をうかがうことはできません。

●横幅衣の一例
（猪熊兼繁　『古代の服飾』　至文堂　1962年）

●貫頭衣（著者作成）

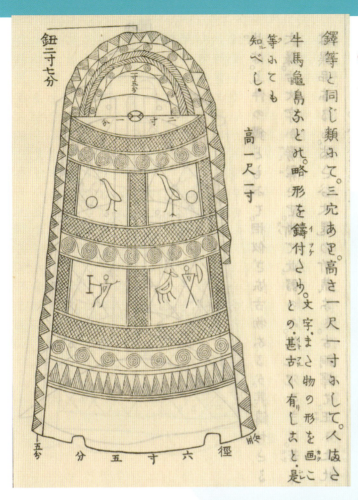

●銅鐸に描かれた人物像（弥生時代中期）
（平田篤胤撰 『弘仁歴運記考』 模写本
1836年 国立国会図書館デジタルコレクション）

髪型と化粧

　男女の髪型も書かれています。男性は髻を結い、布のようなものを頭に巻き、女性は、髪を垂らしたり髻を結ったりしていたようです。男女とも赤土で化粧をし、男性は顔やからだに入れ墨もしていました。入れ墨は、身分で大小などの差があったようです。

衣服の材料

　倭人伝には、麻を栽培し、養蚕をおこなっていたことや、卑弥呼が234年に赤や青の上等な絹布とともに「倭錦」を中国に献上したとも書いています。卑弥呼のあとを継いだ壱与（臺与）も多くの「異文雑錦」を贈りました。錦は色糸で文様を織り出した高級な織物です。この「倭錦」や「異文雑錦」とはどのような織物だったのでしょう。当時の中国では、すでに動物や植物などの形のはっきりした文様の錦が織り出されていました。その中国の正式な記録が「文錦（文様がある錦）」と記しているので、卑弥呼や壱与が贈ったものは、なんらかの形の文様を織り出した錦だったと考えられます。

　一方で弥生時代前期の福岡県の遺跡からは、穀・科・藤などの樹木の皮からとった繊維で織った平織布（経糸と緯糸を交互に交叉する織り方）の断片が出土しています。これらは庶民の衣服材料だったのでしょう。

【3】アクセサリーは、生きるためのパワー用品

　縄文時代の人たちはさまざまなアクセサリーで身を飾っていました。最も古いアクセサリーは、縄文時代草創期（紀元前12000～紀元前10000年ごろ）の長崎県の遺跡から出土した土器の破片や、石の中心に穴をあけた円盤形のものです。これらはペンダントではないかと推測されていますが、たしかではありません。

　縄文時代早期（紀元前10000～紀元前4000年ごろ）になると、動物の牙のネックレスや貝で作ったブレスレット、玉石で作ったペンダント、動物の角で作ったヘアピンなどもあらわれ、アクセサリーの種類も増加します。さらに前期（紀元前4000～紀元前3000年ごろ）には漆塗りの技術もみられるようになり、福井県からは朱塗りの美しい櫛が出土しています。おそらく、髷の根元などにさしたのでしょう。

　これらのアクセサリーのなかでも、特に好まれたのが貝で作ったブレスレットでした。ベンケイ貝やイモ貝などを切って製作したものですが、西日本では埋葬された人が腕に装った形で出土するのにたいして、東日本

● 漆塗りの櫛（縄文時代後期）
（「漆塗り櫛」福井県・鳥浜貝塚　重要文化財　福井県立若狭歴史博物館蔵）木を削って作ったもので、赤い漆が塗られている。歯の部分は欠けている。

●みみずく土偶（縄文時代晩期）
（「みみずく土偶」埼玉県・赤城遺跡　埼玉県教育委員会蔵）土製のイヤリングを着装した様子がうかがえる。

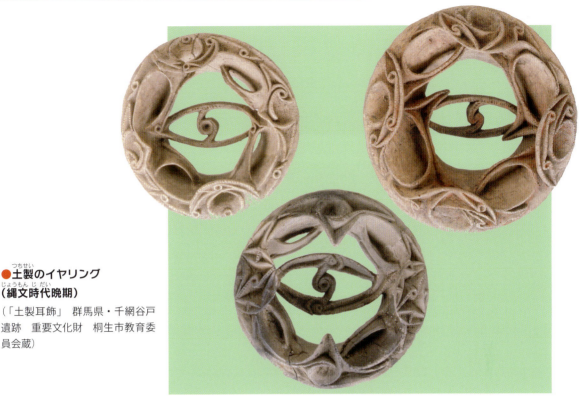

●土製のイヤリング
（縄文時代晩期）

（「土製耳飾」 群馬県・千網谷戸遺跡　重要文化財　桐生市教育委員会蔵）

では土器などに収められて出土する例が多くみられます。東日本の場合は、普段はしまっておいて儀式の時などに取り出して装ったのではと考える人もいます。

アクセサリー類は、時代が下るほどその種類も量も増えていきますが、全員が装っていたものではありません。多くの人は何も身につけないで埋葬され、一部の人だけが大量のアクセサリーを装って埋葬されています。おそらくこれらのアクセサリー類は、巫女やシャーマンなどの特別な役目の人たちの用品だったのでしょう。つまり、この時代のアクセサリーは、飾るものというよりも、呪術的な意味合いが濃いものだったことがうかがえます。

しかし、縄文時代後期から晩期（紀元前2000〜紀元前300年ごろ）の北関東地域では、ほぼ全員がイヤリングを装っていました。

群馬県の遺跡からは、大量の環形や円形の土で作ったイヤリングが出土しており、大小あわせて2000点くらいはあるのではないかとされています。小さいものは直径1.3㎜、大きいものは8cm以上もあります。ピアスのように耳たぶに小さく穴をあけて最初は小さいものをはめ、しだいに大きいものに替えていったのでしょう。

抜歯も、縄文時代の人たち全員がしていた装いの風習です。おもに犬歯を抜きました。一部の地域では縄文時代前期からみられましたが、中期末から後期にかけて盛んになり、晩期になると西日本から東北地域にかけて成人男女のほぼ全員がおこなっています。肉体の苦痛をともなうこの装身は、男性は成人の儀礼として、女性は結婚の儀礼としておこなったと推測する人もいますが、あきらかではありません。

15

【4】 ガラスや金属でもアクセサリーを作ることが始まった

　縄文時代のアクセサリーは、いずれも動物の牙や貝・玉石・土などの天然の材料で作られましたが、弥生時代中期になると、これらの天然の材料に加えて、ガラスや金属などの人工の材料のアクセサリーがみられるようになります。

　ガラスは、ネックレスやブレスレットはもちろんのこと、ティアラやヘッドバンドなどの髪飾りとしても用いられたようです。中期までは緑色の鉛バリウムガラスが中心でしたが、中期末から後期になるとカリガラスが多くなり、青色が加わってきます。そして後期末になると、ソーダガラスが普及し、黄色や赤色のものもみられるようになりました。しかし、当時のガラスの材料は中国などからの輸入に頼っており、貴重な宝石でしたので、おそらく支配者層の人たちのアクセサリー類だったのでしょう。

　また、青銅製のブレスレットが大量に作られるようになります。これらはゴホウラ貝やイモ貝で作ったブレスレットの模倣品で、北九州から南関東地域まで広く分布しています。青銅製の指輪も長野県や静岡県、神奈川県などで出土しますが、ブレスレットに比べてその量は多くありません。

　縄文時代に引き続いて弥生時代も貝で作っ

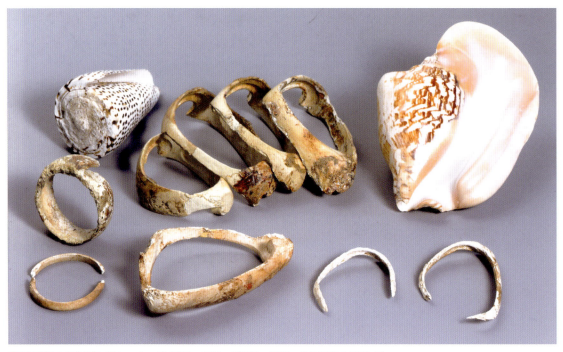

●貝で作られたブレスレット（佐賀県・吉野ヶ里遺跡　提供：佐賀県教育委員会）
右端と中央：ゴホウラ貝と、ゴホウラ貝をたてに切って作ったブレスレット。左端：イモ貝と、イモ貝をよこに切って作ったブレスレット。

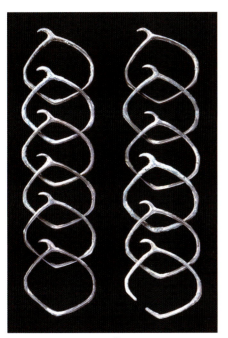

●ゴホウラ貝製のブレスレットを模倣した青銅製のブレスレット（弥生時代）
（「有鉤銅釧」 佐賀県・桜馬場遺跡 重要文化財 佐賀県立博物館蔵）

●青銅製のブレスレット（弥生時代）
（「青銅製腕輪」 佐賀県・千々賀庚申山遺跡 重要文化財 大阪歴史博物館蔵 『弥生時代の装身具』 日本の美術 No.370 至文堂 1997年）イモ貝をたてに切って作ったブレスレットを模倣したもの。

●ガラス製丸玉のネックレス（弥生時代）
（「ガラス製小玉」 福岡県・宝満尾古墳群 福岡市埋蔵文化センター蔵）

　たブレスレットは用いられ、特に奄美諸島以南からしかとれないゴホウラ貝やイモ貝、オオツタノハ貝で作ったブレスレットが好まれました。沖縄諸島や薩摩半島にはゴホウラ貝やイモ貝製の未完成品が出土する場所があります。おそらくこのあたりで製作されて、交易により各地にもたらされたのでしょう。
　また、玉石で作られたネックレスも変わらず好まれ、玉造の遺跡が山陰・北陸地方を中心に100ヶ所ほどもみられます。翡翠や瑪瑙・水晶などを様々な形の玉に加工したようです。漆塗りの櫛も、愛用されつづけます。
　しかし、縄文時代晩期にはほぼ全員が装っていたと考えられるピアス状の耳飾りは、弥生時代にはみられなくなり、抜歯の風習もしだいに少なくなっていきました。こうして弥生時代には、ガラスや青銅などの人工の材料によるアクセサリーが増えていきますが、からだの苦痛を伴う装いは姿を消していきます。

17

II 馬に乗ることを始めた人たち 古墳時代〜白鳳時代前期（3世紀後半〜7世紀前半）

【1】貴人層の人たちは、洋服に近い服装になった

　古墳時代になると『古事記』や『日本書紀』などの書物から服装をうかがうことができるようになりますが、両書とも5世紀より前について書かれている部分は信用できるかどうかの問題があります。またこの時代には多くの人物像の埴輪が作られました。しかしこれも5世紀より後の古墳からしか出土しません。したがって、ここで記す服装は5世紀からのものです。

　このころには貴人層と庶民層とでは、髪型も服装もかなり異なったものになりました。

　『古事記』には、当時の貴人層の男性や女性の装いが記されています。男性は、衣を着て褌をはき、腰には帯をしめ、女性は衣を着て裳をつけていました。

　これらの衣服の形は埴輪から知ることができます。衣は、男女とも同じ形です。今の洋服のような細い筒袖（筒のような形の袖）の上半身衣で、その丈は腰の下くらいの長さです。褌は、足首までの長さのズボンのような形で、太いものが多いが細いものもあります。全て膝の下で足結（紐でしばること）をしています。しかし、足結は日常的にしていたものではありません。『日本書紀』や『万葉集』によると、足結は戦や旅に出る時にするものでした。また、男性の全員が旅をするときの装いである手甲（手を保護する布など）をつけていることから、貴人男性の埴

●冠をかぶった男性埴輪像（6世紀）

（「埴輪男子立像」群馬県・邑楽郡大泉町　重要文化財　相川考古館蔵）
太い帯をしめており、貴人層と考えられる像である。冠をかぶり、太い下げ美豆良（19ページ）を結っているが、後ろに垂れ髪を伴っている。

●椅子に座る男性像（6世紀）

（「椅子に座る男性埴輪」奈良県・石見遺跡　奈良県立橿原考古学研究所附属博物館蔵）
衣と褌のあいだに裳をつけている。かぶり物はなく、振り分け髪（19ページ）なので未成年者であろう。

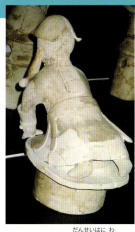

●ひざまづく男性埴輪（6世紀前半）
（「埴輪 ひざまづく男子」 群馬県・上野塚廻り古墳群
文化庁蔵 群馬県立歴史博物館保管 著者撮影）
振り分け髪であり、未成年男子と考えられる像である。
太い帯をしめて盛装していることから、貴人層の若者で
あろう。後ろ姿から、垂れ髪の様子がうかがえる。

らします。冠も帽子もかぶらない人の髪型は、一般に「振り分け髪」とよばれています。左の図のように髪を中心から分けて耳の上で切り揃え、これに下げ美豆良と後ろ中心の垂れ髪を伴うものです。この姿は未成年者のもので、成人すると冠や帽子をかぶったと考えられます。

貴人層の女性は、髪を頭の上にあげて島田髷（江戸時代に結われた女性の髪型の一つ）風に結っていますが、鉢巻をつけたり櫛をさしたりした姿もみられます。ただ、庶民層を含めて、女性のかぶり物はみあたりません。

輪像は、日常の服装に旅立ちの装いを加えた姿であることがわかります。

女性の裳は、足首までの長さの襞をたたんだロングスカートです。

帯は、男性のほぼ全員にみられますが、貴人層の帯は太く、なかでも首長と考えられる人物のものは非常に太く描かれています。奈良県藤ノ木古墳などの貴人を埋葬した古墳からは、金銅（銅に金メッキしたもの）で作った太い帯が出土しており、当時の帯は権力を象徴するアイテムだったと考えられます。女性の大半は帯をしめていませんが、なかには貴人の男性と同じような太い帯をしめた貴人の女性埴輪像もみられます。

髪型

貴人層の男性は、「下げ美豆良」に髪を結っています。長く伸ばした髪を三つに分け、両脇に垂らした髪を耳の下あたりでしばり、後ろの中心にはしばらないままの髪を長く垂

●正座する埴輪女性像（6世紀後半）
（「埴輪 正座する女子」 群馬県・綿貫観音山古墳
文化庁蔵 群馬県立歴史博物館保管）
島田風に結った髷の前中央に櫛をさし、腰下丈の上衣に
細かく襞をたたんだ裳をつけている。

２ 貴人層のファッションは胡服

　古墳からは精巧な金細工のイヤリングや金銅製の冠、金や銀で作られたブレスレットなどが出土しています。このころになると金銀製の装身具がもてはやされるようになったことがわかります。金や銀で作られた指輪もありますが、その数は多くありません。埴輪には、ネックレスにイヤリング、そしてブレスレットやアンクレットなどをつけた盛装の人物像が多くみられます。

　弥生時代の人たちは、『魏志』倭人伝によるとはだしであったとされていますが、古墳時代になるとクツをはくようになりました。古墳からは金銅製の浅いクツが出土しますが、藤ノ木古墳のものは40cm前後、福岡大将陣のものは50cmと非常に大型です。しかも、下図のように底の裏にまで飾りがついているものもあり、これらのクツは実用ではなく埋葬用のものであったと思われます。しかし、その形が埴輪人物像のクツと似ているので、現実にもこのような浅いクツをはいていたのでしょう。また、男性埴輪像や古墳壁画には長グツをはいた姿もみられます。

　衣と袴（ズボン）、衣と裳（スカート）という貴人層の服装は、中国北方で活躍していた騎馬を習慣とする胡人（当時はおもに匈奴）の衣服である「胡服」とよく似た形です。胡服姿は朝鮮半島でもみられ、日本の古墳から出土する金属製の冠やイヤリングは、朝鮮半島から出土するものと非常によく似ています。おそらく、日本の貴人たちの胡服系統の衣服やアクセサリー類は、朝鮮半島から伝わったものでしょう。

●藤ノ木古墳出土のクツ（6世紀　復元品）
（「金銅製履」復元品　奈良県・藤ノ木古墳　国宝　奈良県立橿原考古学研究所附属博物館蔵）

この胡服の上衣とズボン、上衣とスカートという形式は、中国北方に住んでいた騎馬民族とその周辺の人たちに共通のものでした。この形式の衣服が匈奴に追われたゲルマン人の大移動によってヨーロッパにもたらされ、現在の洋服の元となっていきました。

●藤ノ木古墳 出土の冠（6世紀 復元品）
（「金銅製冠」 復元品 奈良県・藤ノ木古墳 国宝 奈良県立橿原考古学研究所附属博物館蔵）

●朝鮮半島の男性像・女性像（5世紀末）
（高句麗古墳群・雙楹塚壁画模写 朝鮮民主主義人民共和国『朝鮮古蹟図譜 二』 朝鮮総督府蔵版 1915年）

筒袖の上衣と細かく襞をたたんだスカートの組み合わせは、埴輪女性像（19ページ）にみられるものと同じ形の服装である。

騎馬男性像

筒袖の腰下丈の上衣に太いズボンをはいた姿は、足結をすると埴輪男性像（18ページ）とほぼ同じ装いであることがわかる。

21

③ 弥生時代からの装いのままだった一般の人たち

庶民層の埴輪は簡略な作りで、しかも上半身のみのものが多いので、服装の様子を知ることは難しいのですが、弥生時代とおなじ貫頭衣（12ページ）のような衣服と考えられる人物像もあります。また、脚が二つに分かれた褌（袴）は作ることが難しく、広く着られるようになるのは奈良時代まで下がるので、このころの庶民層の男性の多くは褌をつけていなかったと考えられます。当時フンドシがあったことは、力士像の埴輪からわかります。おそらく庶民の多くは下半身に下着としてフンドシをつけ、その上に貫頭衣のような簡単な衣服を着て、脚絆（足を保護する目的で脛の部分につける布）をつけていたのではないでしょうか。

庶民層の女性の服装もあきらかではありませんが、麻布で作られた貫頭衣などの簡単な衣と裳を着ていたと考えられます。

髪　型

庶民層の男性は「上げ美豆良」に髪を結っていました（下図、23ページの図）。右の図のように、耳のあたりで髪をしばった形で、

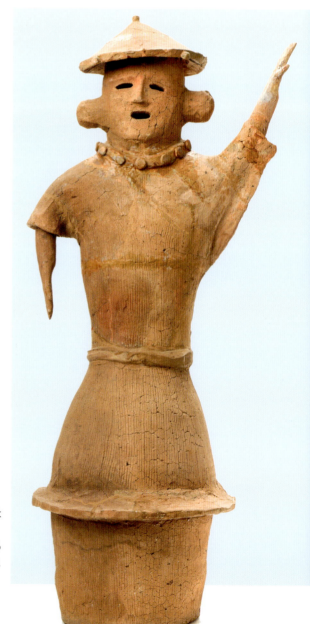

●馬子埴輪像（6世紀）
（「馬子埴輪像」　千葉県・姫塚古墳　芝山はにわ博物館蔵）
上げ美豆良に笠をかぶり、貫頭衣を思わせる衣に細い帯をしめた、馬子（馬を引く人）とされる埴輪像である。

労働の邪魔にならないように髪を切り、小さな美豆良にしたと考えられます。頭に笠のようなかぶり物をかぶっている像もあります。女性は、貴人層の女性と同じように島田風の髷ですが、頭の上ではなく後頭部に結う例を多くみかけます。おそらく頭に壺などを載せて運ぶために、後頭部に結ったのでしょう。

貴人層はクツをはいていましたが、これが庶民層にまで普及していたかどうかは、わかりません。ただ、群馬県の古墳から石で作った下駄が出土しています。現代の下駄と同じように、二枚の歯があり、前中央に一つと後ろ両端に二つ穴があいたものです。日本で下駄がいつからはかれるようになったかはわかりませんが、弥生時代後期には水田で作業するための田下駄があり、弥生時代後期から古墳時代のころには下駄もはかれ始めていたのではないかと考えられます。

●鍬をかつぐ男性埴輪像（6世紀ごろ）
（「人物埴輪」 埼玉県・熊谷市東別府
埼玉県立さきたま史跡の博物館蔵）
笠をかぶり、髪型は上げ美豆良である。細い帯から鎌を下げ、肩に鍬をかついだ姿は、農夫であろう。

●赤ん坊を抱く女性埴輪像（6世紀）
（「乳飲み児を抱く埴輪」 茨城県・大平古墳群黄金塚古墳 ひたちなか市教育委員会蔵）
赤ん坊に乳を飲ませている母親像である。島田風の髷を後頭部に結い、丸首の衣を着ているが、その形は不明である。

【4】冠や服の色で位を分けることが始まった

　推古11年（603年）に冠位十二階が定められました。これは有能な人物を用いることと、有力者たちを官吏とすることをめざした日本で初めての位階制度です。

　冠位十二階は、「徳・仁・礼・信・義・智」を大小の十二の位に分け、それぞれの位にあてはまる色で位を示しました。冠は絹で作られ、袋のような形に縁飾りがつきました。元日などの儀式の時には、冠に造花などの飾りをさして華やかにしました。

　位色（位に相当する色）が何色であったかについては、残念ながら記録が伝わっていません。江戸時代になって国学が発達すると、「徳－紫、仁－青、礼－赤、信－黄、義－白、智－黒」が主張され、近年までこれが通用していました。しかし、研究の結果、現在では「徳－真緋、仁－青、礼－赤、信－黄、義－白、智－黒」が有力な説となっています。

　「徳－紫、仁－青、礼－赤、信－黄、義－白、智－黒」とした説の根拠は、冠位名の「仁・礼・信・義・智」が、古代中国の世界観である陰陽五行説の五常なので、この五常にあてはまる五色「青・赤・黄・白・黒」をそのまま冠の色にしたとする考え方である。しかし徳の色については、「五行を統べるので紫」であるというあいまいなものだった。

　「仁・礼・信・義・智」の位階名とその位色が五行説によって定められた可能性は高いと考えられる。しかし「徳－紫」には問題がある。冠位十二階が実施されていた時代には、紫は大臣の冠の色であった（『日本書紀』）。当時の大臣は、天皇家と並ぶ勢力を誇っていた蘇我氏が独占していた地位である。一方で、冠位十二階の徳の位をさずけられたのは、遣隋使・遣唐使や将軍たちである。強力な権力を握っていた蘇我氏が、遣隋使たちと同じ色の冠をかぶるということはありえないことである。

　大化3年（647年）に冠位十二階が改定されて、七色十三階が成立する。冠位十二階から七色十三階への移行とその後の位階制の変遷に関しては表1が広く認められている説となっているが、七色十三階でも紫冠は大臣の位の冠となっている。表1によると、徳位は錦冠へ、仁位は青冠へ、礼・信・義・智の位はまとめて黒冠へ移り、新に最初の位の建武を設けたことがわかる。

　冠位十二階も七色十三階も基本的には冠と衣服は同一系統の色であった。したがって、錦冠はその服の色と同じ緋系統の色と推測できる。錦冠に移る前の冠位十二階の位階は徳である。制度は変わっても原則として位色は受け継がれているので、徳位の位色も錦冠と同じ緋系統の色の可能性が高いのである。

　以上のことから、冠位十二階の位色は「徳－真緋、仁－青、礼－赤、信－黄、義－白、智－黒」となる。真緋は、「緋」に「真」がつけられているように、当時新たに入ってきたすぐれた染料である茜染めによる緋色であり、礼位の赤（赤土染の赤茶色）とははっきりと区別される色である。

◇表1　冠位十二階から養老衣服令までの変遷

（　）は推測の色。著者作成。

推古11年 (603年)	冠位				大小 徳	大小 仁	大小 礼	大小 信	大小 義	大小 智	
	冠色				（真緋）	（青）	（赤）	（黄）	（白）	（黒）	

| 大化3年
(647年) | 冠位 | 大小 織 | 大小 繍 | 大小 紫 | 大小 錦 | 大小 青 | 大小 黒 | | | | 建武 |
| | 服色 | 深紫 | 深紫 | 浅紫 | 真緋 | 紺 | 緑 | | | | 不明 |

| 大化5年
(649年) | 冠位 | 大小 織 | 大小 繍 | 大小 紫 | 大花 上下 | 小花 上下 | 大山 上下 | 小山 上下 | 大乙 上下 | 小乙 上下 | 立身 |

| 天智3年
(664年) | 冠位 | 大小 織 | 大小 縫 | 大小 紫 | 大錦 上中下 | 小錦 上中下 | 大山 上中下 | 小山 上中下 | 大乙 上中下 | 小乙 上中下 | 大小 建 |

天武14年 (685年)	爵位	明 一二	浄 一二三四								
	服色	朱花	朱花								
	爵位			正 一二三四	直 一二三四	勤 一二三四	務 一二三四	追 一二三四	進 一二三四		
	服色			深紫	浅紫	深緑	浅緑	深蒲萄	浅蒲萄		

持統4年 (690年)	爵位	明 一二	浄 一二	三四							
	服色	（朱花）	黒紫	赤紫							
	爵位			正 一二三四	直 一二三四	勤 一二三四	務 一二三四	追 一二三四	進 一二三四		
	服色			赤紫	緋	深緑	浅緑	深縹	浅縹		

大宝元年 (701年)	位階	明 一二三四	浄 一	二三四五							
	服色	黒紫	黒紫	赤紫							
	位階		正 一	二三	直 四	五	勤 六	務 七	追 八	進初	
	服色		黒紫	赤紫	深緋	浅緋	深緑	浅緑	深縹	浅縹	

養老2年 (718年)	位階	親王 一二三四	諸王 一	二三四五							
	服色	深紫	深紫	浅紫							
	位階		一	二三	四	五	六	七	八	初	
	服色		深紫	浅紫	深緋	浅緋	深緑	浅緑	深縹	浅縹	

【5】飛鳥時代の人たちの服装

　遣隋使や遣唐使が派遣されるようになった7世紀には、中国から文献や品物、そしてニュースがいろいろ入ってきましたが、この時代の人たちの装いはまだ胡服（21ページ）が中心でした。

　中国の歴史書『隋書』倭国伝は、当時の日本の男性は「裙襦」を、女性は裙襦に裳をつけると記しています。「襦」は、中国では筒袖の腰下くらいの丈の上衣で、「裙」は襞をたたんだスカートのようなものです。おそらくここで書かれている裙は、聖徳太子が推古13年（605年）に王や臣たちにつけさせた「褶」のことでしょう。なぜ聖徳太子がこの胡服系統の衣服に褶をつけさせたかについてはあきらかではありません。ただ、古墳時代にも褶のような形の裳をつけた姿は一部にみられました（18ページ）。中国唐の時代の壁画（8世紀初め）に描かれた朝鮮半島か

●天寿国曼荼羅繍帳に描かれた服装（7世紀　上：上の段－男性　右：中の段－女性）
（『天寿国曼荼羅繍帳』　国宝　中宮寺蔵　提供：奈良国立博物館）
『天寿国曼荼羅繍帳』は、聖徳太子が死後に行ったとされる天寿国の様子を、妃が刺繍させたもの。上・中・下の3段構成であるが、上の段と中の段に多くの男女が描かれている。上の段右側の赤い衣に緑の袴をつけた男性は、上衣と袴のあいだにスカートのようなものをつけ、浅いクツをはいている。このスカートのようなものが褶であろう。頭の冠の残片から、袋のような形と縁飾りがうかがえ、冠位十二階の冠ではないかと考えられる。左側と中の段（27ページの図）の右上に、正座した男性が数名ずつみえるが、かれらの服装は埴輪の服装と同じであり、全員が足結をしている（18ページ）。

らの使者の像も褶のようなものをつけています。おそらく聖徳太子がつけさせた褶は、朝鮮半島の例にならったものでしょう。

　この胡服系の服装は、大化の改新（645年）の後も着られ続けていきます。651年（白雉2年）にやってきた新羅からの使者が唐の服を着ており、朝廷は勝手に風俗を変えたことを怒って、会うこともしないままで追い返しています。このことから、まだ7世紀半ばころの日本は、服装を唐のようなものに変える意図は全くなかったことがうかがえます。

●**朝鮮半島からの使者像（8世紀初め）**
（章懐太子李賢墓の壁画　中国　『中国美術全集　墓室壁画 二』　時代出版傳媒股份有限公司　黄山書社　2010年）
上衣と袴のあいだに、細かい襞をたたんだ褶のようなものがみえる。

多くの女性が描かれているが、いずれも髪の刺繍糸が取れてしまっているので、髪型はわからない。服装は埴輪女性像とよく似ているが、衣と裳のあいだに丈の短い褶をつけている。肩から斜めにかけたものは、袈裟であろう。

27

III 中国の唐の服装にあこがれた人たち

白鳳時代後期～平安時代前期（7世紀後半～9世紀）

【1】 髪型も衣服も変えよう

672年の壬申の乱で勝利を収めた天武天皇は、日本を中国の唐のような中央集権国家にしたいと思い、政策を推し進めます。その一つに服装の改革がありました。682年（天武11年）には、冠位十二階から約80年間も続いてきた冠による位分けの制度と褶の禁止令を出します。この時に、飛鳥時代からのものや、もっと古くから用いられていた服飾品の多くが禁止されました。

髪型を唐風にしよう

天武天皇はその後もたてつづけに風俗改革の命令を出します。682年（天武11年）4月には、唐の風俗にならって、すべての男女に頭の上に髻を結うことを命じました。この結髪令を受けて、6月には成人の男性は頭の上に髻を結い、「漆紗冠」（薄い生地に黒漆を塗ったかぶり物）をかぶりました。以降、1871年（明治4年）に明治政府によって斬髪令（髻を切ることを認めた令）が出されるまでの1200年近くもの長いあいだ、男性の頭には「ちょんまげ」が結われ続けることになります。その始まりは、天武天皇による唐風化を進める政策によるものでした。明治の斬髪令も西欧化を進める政策の一環であったことを思えば、興味深いものがあります。

政治の中心部にいる男性が、結髪令が出されるとすぐに頭の上に髻を結ったのにたいして、女性は抵抗したようです。頭の上に髻を結うという髪型は、当時の女性の美意識にそぐわなかったのでしょう。4年後には、女性の結髪令は取り下げられました。女性が唐風の髪型になるのは、705年（慶雲2年）に再び結髪令が出されてからのことと考えられます。20余年の年月のあいだに女性の意識も変わったのでしょう。

衣服を唐風に変えよう

天武天皇は684年（天武13年）に、元日その他の集りなどの正式な時には「襴衣」を着て「括緒袴」をはき、日常は、襴衣でも無襴衣でもよいとの命令を出します。襴衣は衣服の裾に襴（横布）がついた衣服のことです。襴は、中国では士人（教養・地位のある人）の服につけられたもので、日本もこれにならって取り入れたのでしょう。

括緒袴は後の「縛口袴」と同じようなもので、足首をしばった袴です。中国で唐代の

初めころにはやっていたものでした。

位は唐にならって服の色で分けよう

　685年（天武14年）には、新しく定めた位階に応じた朝服（中程度の礼服）の色を決めました（25ページの表1）。今までの冠の色による位の区別にかえて、朝服の色で位を分ける制度を実施しましたが、これもやはり唐の制度にならったものです。
　天武天皇の政治を引き継いだ持統天皇は、さらに唐風化を進めます。690年（持統4年）には、朝服の色による位分けの制度を改定しますが、この時の位色は、唐の服色制度により近いものとなりました。そして693年（持統7年）には、百姓（一般国民）には黄色の衣服を、奴婢（奴は男の、婢は女の奴隷）には墨色の衣服を着させます。これも、唐の制度にならってのものです。

●高松塚古墳壁画の男性像
（東壁　7世紀後半～8世紀初め）
（高松塚古墳 東壁男子群像　奈良県・明日香村　文部科学省所管　高松塚古墳総合学術調査会編『高松塚古墳壁画調査報告書』便利堂　1974年）
西壁も東壁も男性4人は、頭の上に髻を結い、漆紗冠と思われるかぶり物をかぶっている。衣は垂領（今の着物のような衿）で、裾に襴の線がみえる。白い袴と浅い黒クツをはく。

●高松塚古墳壁画の女性像
（西壁　7世紀後半～8世紀初め）
（高松塚古墳 西壁女子群像　奈良県・明日香村　文部科学省所管　高松塚古墳総合学術調査会編『高松塚古墳壁画調査報告書』　便利堂　1974年）
東壁4人・西壁の4人は全員垂領に襴のついた上衣を着て、襞をたたんだ裳をつけ、衣と裳のあいだと裳の裾から褶をのぞかせている。髪型は、前髪を少し高くあげ、長い髪を後ろに垂らし、下を輪にして毛先を上にあげ、首の後ろで巻きあげた姿である。

【2】 服装は法令で決められた

衣服の法令

　701年（大宝元年）に制定された大宝令では、唐の制度にならって、礼服・朝服・制服の制度が定められましたが、残念ながら大宝令は現在に伝わっていません。

　718年（養老2年）には大宝令を改定した養老令が定められます。これは平安時代以降も生きていく法令なのですが、養老令が実施

されるのは757年（天平宝字元年）まで遅れました。そのあいだ、政府は多くの令を出して養老令の内容を実施していきます。その一つに、719年（養老3年）に出された右衽*の令と握笏の令があります。胡服系であった日本の衣服の衿の合わせ方は左衽が普通でした。しかし中国では、左衽は「蛮人」（未開人）の風俗と軽蔑されていたのです。このことを知った政府は、全国民の衿の重ね方を

◇表2　養老衣服令で定められた礼服・朝服・制服

着用者		礼 服	朝 服	制 服
男性の皇族 文官	男性の皇族 文官五位以上	礼服冠 1 衣 2　袴 3　褶 4　帯 5 襪 6　鳥 7　笏 8 三位以上：綬 9　玉珮 10 四位・五位：綬	頭巾 11 衣 12　袴　腰帯 13 襪　履 14 笏	
	文官六位以下、初位以上		頭巾 衣　袴　腰帯 襪　履 笏	
武官※	武官五位以上	皀羅冠 15　緌 16 襖 17　袴・褌襠 18　腰帯 靴 19　行縢 20 笏　横刀	頭巾　緌 襖　袴　腰帯 襪　履　横刀	
女性の皇族 女官	女性の皇族 女官五位以上	礼服宝髻 21 衣 22　裙 23　褶 24　帯 襪　鳥	義髻 25 衣 26　裙　帯 襪　履	
	女官六位以下、初位以上		義髻 衣　裙　帯 襪　履	
無位の男性 庶民の男性（公務の時）				頭巾 袍　袴　腰帯 襪　履
無位の女性 庶民の女性（公務の時）				服の色の規制のみ

※武官の六位以下の朝服は、煩雑なので省略する。

右衽に統一しました。現在まで受け継がれている和服の衿を右衽に重ねる風習はこの時に始まったのです。笏（34ページの図）は威儀**を整えるために手に持つもので、やはり新たに中国から取り入れました。そして、忘れないようにするために裏にメモをした紙を貼ることもおこなわれました。

730年（天平2年）には、女性は全員新しい形の衣服を着るようにとの令が出されます。このころから、唐ではやっていた背子（ベスト）が着られるようになったと考えられます。背子は、平安時代中期以降は唐衣とよばれて、女性の正装の重要なアイテムの一つとなっていきます（44ページ）。

＊右衽　衣服の衿の重ね方を、今の着物のように右側を下に入れて着る着方。
＊＊威儀　重々しく威厳をあらわす振るまい。

1）礼服冠：位により飾りが異なった冠（34ページの図の冠参照）。
2）衣：大袖の衣で、位で色が決まっていた（34ページの図の衣参照、25ページの表1）。
3）袴：白い絹で作られたズボンのようなもの
4）褶：衣と袴のあいだにつける襞をたたんだ短いスカートのようなもの。皇太子・皇族・諸臣で色が異なっていた（34ページの図参照）。
5）帯：皇太子は白い絹の帯、他は組紐の帯。
6）襪：靴下のようなもの。
7）舃：つま先が高く反り返ったクツ（34ページの図のはきもの参照）。
8）笏：五位以上は牙製、六位以下は木製。
9）綬：帯から下げる飾り帯（34ページの図参照）。
10）玉珮：玉を連ねた飾りで、帯から下げた（34ページの図参照）。
11）頭巾：五位以上と六位以下で材質が異なったかぶり物（36、42ページ、聖徳太子像のかぶり物参照）。
12）衣：盤領（スタンドカラー、36ページの聖徳太子二王子像の衿参照）の袍で襴がついた形の衣服と考えられる。位で決まった色を着た（25ページの表1）。
13）腰帯：革製のベルト。
14）履：浅いクツ（36ページの聖徳太子二王子像のはきもの参照）。
15）皂羅冠：薄布の羅に黒漆を塗った冠（35ページの図のかぶり物参照）。
16）纓：冠の黒色の紐。
17）襖：腋があいている衣（35ページの図参照）。
18）裲襠：貫頭衣形で胴部を保護する衣。錦や刺繍で作られ、武官の装束を華やかにした（35ページの図参照）。
19）靴：ブーツのような深いクツ。
20）行縢：毛皮などで作られた脚部を包むもの。
21）礼服宝髻：金銀宝石の飾りのついた付け髻と思われる。位により飾りが異なる（33ページの図の頭部参照）。
22）裙：襞をたたんだロングスカート。位で色が異なっていた。
23）褶：裙の裾からのぞく襞飾り。皇族と女官で色が異なっていた（33ページの図参照）。
24）帯：縁飾りのついた帯と考えられる。
25）義髻：付け髻（唐の流行にならったもの）と考えられる。
26）衣：礼服と同様の大袖の衣と考えられる。

◇表3　養老衣服令で定められた公の時の服色の規制

色	位色または公務の色	着用できる者
白	天皇の色	天皇
黄丹（黄赤色）	皇太子の位色	天皇・皇太子
紫	一位〜三位の位色	三位以上の者
蘇芳（赤紫色）		三位以上の者
緋（オレンジ系の赤色）	四位・五位の位色	五位以上の者
紅（ピンク系の赤色）		五位以上の者
黄櫨（黄みがかった茶色）		五位以上の者
纁（緋の薄い色）		五位以上の者
蒲萄（黄緑色）1)		五位以上の者
緑	六位・七位の位色	七位以上の者、無位の女性・庶民の女性
紺（紺色）	八位の位色	八位以上の者、無位の女性・庶民の女性
縹（青色）	初位の位色	初位以上の者、無位の女性・庶民の女性
桑（赤みを帯びた黄色）		初位以上の者、無位の女性・庶民の女性
黄	無位・庶民の公務の色	初位以上の者・無位の者・庶民
楷衣（摺り染めの衣）2)		初位以上の者・無位の者・庶民
蓁（茶色）3)		初位以上の者・無位の者・庶民
柴（薄めの茶色）		初位以上の者・無位の者・庶民
橡墨（墨色）	奴婢の公務の色	初位以上の者・無位の者・庶民・奴婢

1) 薄紫との説があるが、当時の文献によれば、青ブドウの色（黄緑色）である。
2) 摺り染めの衣と考えられる。摺り染めは、文様のある板や石などの上に布を置き、その上から葉や花の色汁を摺りつけて文様を出すもの。摺り染めは水に濡れると色が褪せてしまうが、赤や青なども用いることができたため、庶民の楽しみの一つであった。
3) 黒色との説があるが、蓁はハシバミのことであり、これで染めると茶色となる。

※位色以下の色しか着用できなかったが、女性には、例外があった。
※女性は帯や紐などであれば、紫色以下の色も使用することができた。

●摺り染め（山藍）
（著者作成）

養老の衣服令

養老令の「衣服令」で定められた礼服・朝服・制服を一覧にしたのが30ページの表2です。

礼　服

礼服は、即位や元旦などの重要な儀式の時に着る大礼服です。礼服を着ることができるのは、皇族と五位以上の役人および女官に限られていました。そして役人は、文官と武官でその装いが異なっています。礼服は平安時代になると元旦には着られなくなり、着る人も限定されますが、江戸時代最後の孝明天皇の即位の時まで着られ続けていきました。

宮城の警備などを担当したのが武官です。武官の礼服は、儀式の時には式を華やかにする役目も担っていました。

奈良時代には、女性も男性と同じように儀式に参列していたので、礼服が定められています。しかし平安時代前期になると、女性が公の場に出ることは非常に少なくなり、礼服を着る機会はほとんどなくなりました。そのため、女性の礼服は後世まで伝わらず、具体的な形などわからない部分が多くなっています。

●吉祥天女像（8世紀　復元模写）

（薬師寺蔵国宝『吉祥天画像』復元模写・絹布
大河原典子　2004年　東京藝術大学大学美術館蔵）
光明皇后（聖武天皇の妃）を描いたとされるもので、当時の女性の礼服姿をうかがうことができる。礼服宝髻をつけ、衣は男性と同じ垂領大袖の衣。文様を染めだした何色かの絹を繋ぎあわせて仕立てた裙（「裳」と同じ）をはき、裙の裾から細かい襞飾りの褶をのぞかせている。吉祥天女像は、礼服の装いに加えて、一番表に背子をつけ、領巾（ショール風の薄い布）をかけた姿で描かれている。

33

文官の礼服

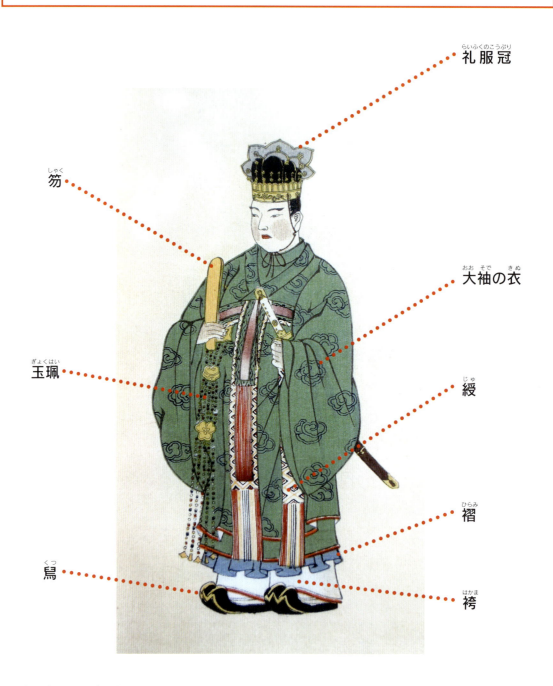

● **文官の礼服（江戸時代の画）**
（『故実叢書 礼服着用図 全』 刊行年不明　芸艸堂）
礼服冠は、位により飾りに違いがあった。衣は大袖（袖口が大きくあいた袖）の垂領の衣で、白い袴をつける。礼服には、605年に着用を命じて682年に着用を禁止した褶が復活している。襪は、今の靴下。舄は、クツ先が高く反り返った浅いクツ。帯から左に綬、右に玉佩を下げるが、これらは中国のものの模倣である。本図は、江戸時代まで継承されてきた礼服の姿である。

武官の礼服

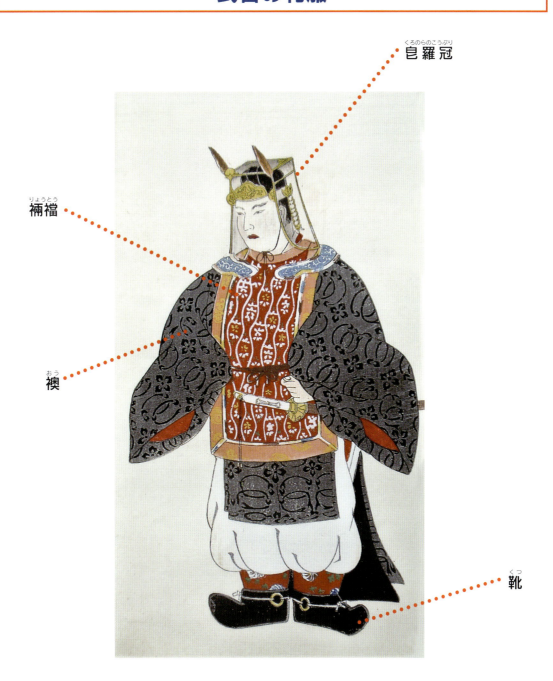

- 皀羅冠（くろのらのこうぶり）
- 裲襠（りょうとう）
- 襖（おう）
- 靴（くつ）

●**武官の礼服（江戸時代の画）**
（『故実叢書 礼服着用図 全』 刊行年不明　芸艸堂）
皀羅冠は、中国の「武弁大冠」にならって作製されたもの。

朝　服

　朝服は、文官・武官の位のある者が毎月1日に朝廷で行われる朝会（定例の儀式）と公の行事の時に着ました。礼服に次ぐ正装で、朝服は中礼服（中程度の礼服）です。日常の勤務服は、あとで記すように色の規制があるのみで、形その他は自由でした。女官も朝会に参列しましたが、それは春夏秋冬の最初の月（1月・4月・7月・10月）の1日に開かれる時のみでした。大きな集りの日などには、武官だけは無位（位のない人）の下級の者でも、特別の威儀を整える装いをして参列しました。

●文官の朝服（8世紀）
（『聖徳太子二王子像』　宮内庁蔵）

制　服

　制服は、無位の男女や庶民が公の仕事をする時に着たものです。
　制服の構成は表2（30ページ）のとおりで、袍の色は黄色でした。日常の勤務の時も同じ装いでしたが、はきものだけは履（革製のクツ）ではなく草鞋（草製のクツ）でもよかったようです。
　家人（プライベートな賤民）や奴婢（29ページ）が公の仕事をする時は、橡墨色の衣服を着ましたが、これは693年（持統7年）に唐の制度にならって定めたのを受け継いだものです。
　一方、無位の女官の制服については、衣服令は色の規制しか記していません。形などは自由だったようです。上衣は表3（32ページ）の深緑（六位の位色）以下の色である緑・

●女官の姿（8世紀）
（『鳥毛立女屏風』第四扇　正倉院宝物　『正倉院展目録』1999年　奈良国立博物館）

青・黄色・茶色などは自由に着ることができました。また、裾には紅も許されていましたし、高貴な人しか着られない紫も、帯や紐など装飾に用いることはできました。庶民の女性が公の仕事をする時の装いは無位の女官と同じでした。

●男性の制服姿（8世紀）
（「大大論戯画」 正倉院宝物
『正倉院展目録』 1999年
奈良国立博物館）

日常の勤務の時の服装

位のある役人などが日常の勤務で着る服については、色の規制しかありませんでした（32ページの表3）。これらの色は、自分の位以下の色であれば自由に着ることができましたし、制服と同じように、女性に対する規制はゆるやかでした。またこの服の色の規制は、プライベートな場まで及ぶものではありませんでした。

庶民の衣生活

庶民は一般に麻を着ていました。麻には大麻と苧麻の二種類があり、苧麻の方が柔らかく上等な布で、広く衣服に用いられました。しかし大麻の布や樹の皮の繊維で織った目の粗い布などの硬い布の衣服しか着られない人たちもいました。多くの人は筒袖で腰下くらいの丈の上衣に、丈の短い袴や裙をはいていたようです。庶民でも経済的に豊かな人は、寒い時には綿（絹の真綿）を入れた服を着ることもありました。しかし一方で、『万葉集』の山上憶良の「貧窮問答歌」に詠われているように、寒い季節でもボロボロの袖なしの衣服しか着るものがない貧しい人たちもいました。

●麻布の貫頭衣
（「久太衫」 正倉院宝物
『正倉院展目録』 2004年
奈良国立博物館）
正倉院に伝わる衫（ひとえの衣服）であるが、このような簡単な貫頭衣形式の衣服を着ていた人たちもいたと思われる。

●大麻（著者撮影 韓国） ●苧麻（著者撮影 韓国）

●庶民の女性の姿
（『絵因果経』 国宝 醍醐寺蔵）
中国の老女を描いたものであるが、当時の日本の庶民の女性の服装を思わせてくれる絵である。上衣の上に裳をはいて、草で編んだ浅いクツをはく。

37

3 唐風化の進行

桓武天皇が新都（平安京）に都を移したのは794年（延暦13年）のことでした。平安京は唐の都長安にならって造営されたものです。この唐風の都では生活全般にわたって唐風化が推し進められていきました。818年（弘仁9年）には、朝会での儀礼から日常の衣服にいたるまで唐風化がめざされます。すでに奈良時代に儀礼服や制服は唐の制度にならって定められていましたが、ここに日常の勤務服も全て唐風にするようにとの命令が出されました。

820年（弘仁11年）には、天皇・皇后・皇太子の大礼服や中礼服も唐の制度を参考にして定められました。ただし、天皇・皇后が神まつりなどの時に着る帛衣（白絹製の服）は、日本的なものだったと思われます。

天皇が即位や元旦に着用する大礼服は「袞冕十二章」でした。これは奈良時代の聖武天皇の時から着られていましたが、この時に正式に天皇の大礼服に定められました。袞冕十二章はその後も江戸時代末まで受け継がれていき、江戸時代最後の孝明天皇の即位の時の衣裳が今日まで伝わっています。天皇が大礼服を着用した姿は、文官の礼服着用図（34ページ）に近いものであったと考えられますが、天皇は帯から正面の左右にそれぞれ綬を下げ、その上に玉珮を下げました。

●**天皇の冕冠（江戸時代の画）**
（松岡辰方 『冠帽図会』 1840年 国立国会図書館デジタルコレクション）
天皇の冕冠は、代々奈良時代のものにならって製作されていたので、奈良時代の冕冠もこれに近い形であったと考えられる。

●孝明天皇の礼服（衣と裳）
（江戸時代）

（「孝明天皇御即位御料」 御礼服 御大袖 御裳 宮内庁蔵）
袞冕十二章の基本構成は衣と裳（褶）で、その色は赤であった。衣には「日・月・星辰（北斗七星）・山・龍・華虫（雉）・宗彝（虎と猿を描いた宗廟の器）・火」の8種の文様が、裳には「藻・粉米（お米）・黼（斧）・黻（弓を背中合わせにした形とされる）」の4種の文様が刺繍された。この十二の文様は、中国では皇帝を象徴するものであった。

　皇后の大礼服も、中国の皇后の礼服にならって定められましたが具体的なことはわかりません。皇太子の大礼服は、衣服令では黄丹色の礼服が定められていましたが、この時に「袞冕九章」に改められました。袞冕九章は唐の皇太子の大礼服で、袞冕十二章から「日・月・星辰（北斗七星）」を取り去った9種類の文様がついたものです。

　天皇が毎月1日の朝会や外国からの使者に会う時などに着る中礼服としては、「黄櫨染衣」が定められました。黄櫨染は、櫨と蘇芳で染めた赤みをおびた茶色で、奈良時代の朝服と同じような袍の形と考えられます。
　皇后が大小の集まりで着る中礼服は名前以上のことはわかりません。皇太子の中礼服として定められた黄丹衣は奈良時代の朝服を受け継いだものでした。

　平安時代の初期は、漢文学が好まれ、儒学や中国の歴史などを学ぶことがはやるなど、唐風へのあこがれの強かった時代です。このような風潮のなかで、日本の服装は中国の服装に最も近いものになっていきました。

4 織物・染物技術の発達

　わが国は、飛鳥時代から遣隋使・遣唐使とともに多くの留学生を派遣して中国の文化の吸収に努めてきました。その結果この時代には、中国の染織技術の影響を受けて日本の染織技術もおおいに発達します。

織物の技術

　日本では古く弥生時代から経錦は織られていましたが、奈良時代になると、唐から新しく緯錦の技術が伝わりました。律令体制が整えられたことで、織物の生産体制も整えられ、その技術はおおいに発達していきます。

　養老令によると、大蔵省のもとに織物中央研究所のようなものが置かれました。ここで考案された高級織物は、品部（特殊技能を持つ人たちの集団）で織られて国家に納められていました。しかしこれらの高級織物の需要はますます増えていき、品部だけでは生産が追いつかなくなります。そこで政府は、711年（和銅4年）に技術者を諸国に派遣して、錦や綾を織る技術を教えました。こうして錦・綾は全国規模で生産されるようになっていきます。

　当時は、庶民の男性には労働の義務がありましたが、苧麻布（37ページ）を納めることでこれに代えることもできました。正丁（21～60歳）は10日間の労働の代わりに2丈6尺（約7.8m）の苧麻布を、次丁（61～65歳）はその半分を納めています。

●経錦
（「呉楽 力士脛裳」 8世紀 正倉院宝物
『正倉院展目録』 1998年 奈良国立博物館）
経糸に色糸を用いて織りだす錦。織る技術の問題から、三色ほどの色数しか用いることができないので、幾何学的な文様が中心である。

●緯錦
（「赤地花文錦」 8世紀 正倉院宝物 『正倉院展目録』
2005年 奈良国立博物館）
緯糸に色糸を用いて文様を織りだす錦。多くの色糸を用いて具体的で華やかな文様を織りだすことができる。

染物の技術

この時代には、政府の主導で染物の技術も発達し、同一の色を微妙な濃淡で染め分けることもできるようになりました。また文様をあらわす技法は、今までは織と刺繍や摺り染め*しかなかったのですが、この時代に新たに﨟纈・夾纈・纐纈による文様染めの技術が伝来し、服装を美しく彩るようになりました。﨟纈は、蠟を用いて文様をあらわすろうけつ染めで、夾纈は、2枚の板のあいだに布を挟み、板を締めることによって文様をあらわす板締め絞りです。纐纈は当時の文献では「纈」とのみ記されているもので、「目交」「ゆはた」とよばれていました。糸でくくって文様をあらわす、今の絞り染めです。平安時代以降は、﨟纈と夾纈は廃れますが、纐纈は「くくり」「目結」などの名前で親しまれ、江戸時代にみごとな絞り染め文化の花を咲かせます。

＊**摺り染め** 布に色を摺りつけて染める技法であるが（32ページ表3の注2参照）、このころになると、木版に文様を彫りだして、これに染料をつけて文様を染めだすようになる。この技法は現在まで神事服に伝えられている。

●**夾纈**
（「夾纈羅幡」 8世紀 正倉院宝物 『正倉院展図録』2000年）
同一文様を彫りだした2枚の板のあいだに薄い布を折りたたんで挟み、2枚の板を締めあげて染める。図のような多色のものは、それぞれの文様の箇所に小さな穴をあけ、その穴から染料を注ぎ込むという方法で染められたと考えられる。

●**纐纈**
（「赤地纐纈布」 8世紀 正倉院宝物 『正倉院展目録』 2004年 奈良国立博物館）
麻布を斜めに縫い、絞って糸でくくって染めたと考えられる。

●**﨟纈**
（「天蓋垂飾」 8世紀 正倉院宝物 『正倉院展目録』 1984年 奈良国立博物館）
木版に文様を彫りだし、それにロウをつけて型押しで染めたもの。

Ⅳ 日本独自の服装の誕生

平安時代中期～後期（10世紀～12世紀）

【1】貴族たちの服装は、大きくゆったりとしたものになっていった

　わずか10年のあいだに二つの都を建設したうえに、唐風化をめざしたことで贅沢が重なり、国家の財政は厳しくなります。自然災害もたびたび起こり、伝染病がはやり、物資も不足して国民生活は厳しくなっていきました。この状態を憂えた政府は、財政の引き締め政策をおこない、次々と倹約令を出していきます。これは衣生活にもおよびました。823年（弘仁14年）には、礼服の着用者の数を減らしました。そして元旦に着ることも中止し、礼服は、天皇が即位する儀式の時だけの装いとなりました。さらに840年（承和7年）には、裳を2枚以上重ねたり、綿入れの衣服を重ねて着ることも禁止しました。大量の絹を使う裳や絹の綿の入った衣服は贅沢品だったためです。

　遣唐使が廃止され、10世紀に入ると、日本の伝統的なものの良さをみなおそうという動きも強まったことにより、国風化の動きがめばえます。漢字を日本的に消化したかな文字が誕生し、貴族たちの住まいも唐風の建物から次第に日本の気候風土にあった寝殿造りに移っていきます。唐風の建物でクツをはき、椅子に座り、ベッドで寝ていた貴族たちの生活は、寝殿造りの建物で、クツを脱いで上がり、床の上に畳を敷いて座ったり寝たりという生活様式に変わります。こうした生活全般の変化の中で、唐風の服装を変化させて、日本独自の服装を生んでいきました。

束帯装束の誕生

　現在でも皇室などで男性が儀式の時に着る束帯は、奈良時代の朝服が広くゆるやかになり、形を整えて成立したものです。「束帯」の用語は『論語』（中国の古典）からとったとされ、平安時代前期の儒教が盛んになった時期に、朝服を束帯とよぶようになりました。

　10世紀前半にはまだそれほど広くなかっ

●頭巾：聖徳太子のかぶり物
（『類聚絵巻』 模写本 国立国会図書館デジタルコレクション）
頭上にあげて結んだ髪を袋のような形の頭巾で包み、髻の部分を紐でしばった形である。

た「袍」の袖口が、10世紀後半になると50cm以上もの広さ（広袖）になります。このころには袴の幅も広くなり、服装が全般にゆったりと大きくなっていきました。

また、束帯装束のなかでも特に裾を後ろに引いて重々しい効果を発揮するのが「下襲」の裾ですが、これが長く伸びて袍の下からのぞくようになるのも10世紀半ばごろのことです（45ページの束帯の図参照）。

平安時代には公の場での男性の必須アイテムは冠でした。これは奈良時代の朝服の頭巾が形を整え、冠とよばれるようになったものですが、冠のよび名が一般的になったのも、やはり10世紀後半です。

このように、1000年以上もの長いあいだ、儀礼的な服装として着られ続けていく男性の束帯装束が成立したのは、10世紀後半ごろのことと考えられます。

●平安時代前期の束帯（10世紀前半）
（「小野道風朝臣像」 松平定信編 『集古十種』 国立国会図書館デジタルコレクション）
袍の袖口の広さは20cm弱くらいしかなく、まだ大きくゆるやかな衣服になっていない様子がうかがえる。

●平安時代前期の冠：小野道風のかぶり物
（『類聚絵巻』 模写本 国立国会図書館デジタルコレクション）
平安時代になると、頭上にあげてしばった髪を一定の長さに切りそろえ、髻の根元から紐で巻きあげるというという髪型に変化するため、髻を入れる部分が、高く立つようになる。そして頭巾を頭に固定するためにしばっていた紐が、後ろに2本垂れるようになり、この紐を「纓」とよんだ。

●鎌倉時代以降の冠 （「源頼朝卿像*」 松平定信編 『集古十種』 国立国会図書館デジタルコレクション）*現在では源頼朝像ではないとされている。
中世になると、纓に糊を張って硬くし、2枚重ねて下げるようになる。

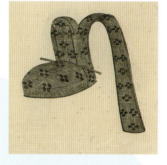

●江戸時代から現代まで継承されている冠の形
（松岡辰方『冠帽図会』 1840年 国立国会図書館デジタルコレクション）
江戸時代の垂纓冠。この形の冠が、現在まで宮中での儀式の際の束帯の冠として継承されてきている。

唐衣裳装束の誕生

　女性の唐衣裳装束は、奈良時代の朝服を国風化して生まれた男性の束帯とは異なり、平安時代前期のころから着られるようになった袿をベースにして成立した装いです。当時の辞書は、「袿」を「うちき」と読んでいます。このころの袿は「家の中で着るもの」いわゆるホームウエアーだったので、「うちき」とよばれたのでしょう。

　奈良時代には、女性も男性と同じように礼服や朝服を着て儀式や朝会に出席していました。しかし10世紀に入ると、社会的な情勢の変化と儒教が盛んになったことが影響して、女性が表に出る機会は非常に少なくなっていきます。その結果、生活の大部分を家の内で過ごすようになり、袿が衣生活の中心となっていきました。

　上流階級の女性は日常的には袿姿で暮らしていましたが、皇族や上流貴族に仕える女房*は、袿姿の上に必ず唐衣と裳（裙と同じ）をつけなければなりませんでした。唐衣は養老の衣服令にはみられない服飾品ですが、8世紀前半のころから日本でも着られるようになった背子（31ページ）が国風化したものです。背子は唐で流行していた服飾品なので、唐へのあこがれをこめて「唐衣」とよぶようになりました。

　背子は袖なしか、袖があっても短いものでしたので、袿の上に着てもさしつかえはありませんでした。しかし裳は、袿を数枚重ねた上に装うと、体の前まで廻らなくなってしまいました。したがって10世紀半ばごろには、女性の裳はスカートのような形ではなくなり、後ろにのみ引く装飾的な服飾品となっていったのです。

　このように、上流階級の女性の衣生活の中心は袿重ねとなり、女房たちは袿重ねの上に唐衣と裳を装うようになりました。この唐衣裳装束が誕生したのは、やはり男性の束帯と同じように10世紀後半のころのことと考えられます。

＊**女房**　房（部屋）を与えられた高級女官のこと。

●平安時代前期の女性の服装
（『女神像』　平安時代前期　松尾大社蔵）
女神の服装は、大袖の衣に裙を胸高につけ、一番上に背子を着るという奈良時代の女性の朝服を思わせる装いであるが、髪型は中期以降の垂れ髪に移行する途中の形である。

2　宮中での装いにはルールがあった

　平安時代中期は、貴族政権が最も栄えた時期でした。この貴族政権のもとで、即位をはじめ臨時の祭礼や年中行事など宮中での儀礼が確立します。そして、服装も定型化していきました。

■ 公の時の男性の装い

　この時代、公の時に男性が着る服装には、束帯、布袴、衣冠があります。

●束帯

　束帯は、中礼服として元旦などの儀礼の時に天皇や皇族そして諸臣が着ました。また、即位などの最も重要な儀式の時には、三位以上は奈良時代に引き続いて礼服姿でしたが、四位以下は束帯姿で参列しました。

　一方、束帯は儀礼服としてだけではなく、役人たちが昼間に宮中へ出仕する時も着るものでした。この時の装いは少し簡素になります。

　束帯の装いは、文官と武官で異なりました。平安時代中期になると、上級の武官は文官が兼ねるようになるので、武官の束帯は下級の武官が着るものになります。しかし儀式の時には、武官を兼ねている文官は、儀式の場を重々しく華やかにするために武官の束帯を装いました。

　束帯の基本アイテムは、表4（46ページ）のようになります。儀式の時の束帯は腰に石帯（革製のベルトに石の飾りがついたもの）をしめ、手には笏を持ちました。許された者だけ平緒（組帯）を下げ、剣を佩びます。日常の出仕服としての束帯は、石帯ではなく紐帯をしめました。

　武官の束帯の構成も文官と同じですが、冠と袍が異なります。

●武官の束帯姿

（『年中行事絵巻』 平安時代後期 『新修日本絵巻物全集 第24巻 年中行事絵巻』 角川書店 1978年）巻纓冠は纓を巻いた冠で、緌は紐の両耳の上あたりについた馬の尾の毛で作った半円形の飾り。

●巻纓冠（江戸時代後期）

（松岡辰方 『冠帽図会』 1840年 国立国会図書館デジタルコレクション）武官の冠。

●文官・武官の束帯姿

（『年中行事絵巻』 平安時代後期 『新修日本絵巻物全集 第24巻 年中行事絵巻』 角川書店 1978年）朝覲行幸（正月に天皇が拝賀のために父帝・母后の宮に行幸する儀式）で、後白河上皇邸の寝殿で舞を御覧になる場面である。随行した公卿（主に三位以上の人）たちが簀子に並び、いずれも下襲の裾を高欄にかけている。文官の束帯姿とともに、巻纓冠に緌をつけて矢を負っている武官の束帯姿の者もみえる。庭に靴を脱いで座っているのは、殿上人（四位・五位の人）たちである。

◇表4　平安時代の貴族男性の服

			かぶり物	表衣	中衣・下着	脚衣	はきもの
公服	束帯	文官	垂纓冠 1	縫腋袍 2　襴	半臂 3　下襲 4　衵 5　単 6	表袴 7　大口袴 8	襪 9　履 10
公服	束帯	武官	巻纓冠 11　緌	闕腋袍 12	半臂　下襲　衵　単	表袴　大口袴	襪　靴 13
公服	布袴		垂纓冠	縫腋袍	半臂　下襲　衵　単	指貫 14　大口袴	襪　履
公服	衣冠		垂纓冠	縫腋袍	衵　単	指貫　大口袴	履
私服	直衣	出仕の時	垂纓冠	直衣 15	衵 または 袿　単	指貫　大口袴	履
私服	直衣	日常の時	烏帽子 16	直衣	衵 または 袿　単	指貫　大口袴	履
私服	狩衣	貴族	烏帽子	狩衣 17	衵　単	指貫	履
私服	狩衣	武士など	烏帽子	狩衣	衵　単	狩袴 18	

表内写真／『御装束図式』　国立国会図書館デジタルコレクション

1）垂纓冠：纓を後ろに垂らした冠（43ページ）。

2）縫腋袍：腋を縫い閉じ、裾に襴がついた袍。

3）半臂：垂領・袖なしで、裾に襴がつくこともある。チョッキのような衣。

4）下襲：垂領で腋があいており、後身頃の裾が長くなっている衣。この後身頃の裾が袍の裾から出て後ろに引くことにより重々しくおごそかな効果を発揮した。長さは身分により異なっていた。

46

5) 衵：垂領で脇があいた衣。これを数枚重ねて、装束にボリュームを出した。
6) 単：単衵のことで、衵の裏がつかない衣。下着。
7) 表袴：男性の小用の便のために股下があいた袴で、下がり襠であいている部分をおおった。
8) 大口袴：男性の小用の便のために裾口を広く仕立てた下袴。
9) 襪：奈良時代と同じで靴下のようなもの。
10) 履：浅クツ（下図の衣冠のクツ）である。
11) 巻纓冠：纓を巻いた冠で、緌がつく。緌は冠を縛りつける紐の両耳の上あたりの位置に、馬の尾の毛で作った半円形の飾り（45ページ）。
12) 闕腋袍：襖が形を整えて成立した脇のあいた袍。
13) 靴：深クツ（45ページの武官の図）
14) 指貫：足首をしばった幅の広い袴（下の衣冠の姿および49ページ参照）。
15) 直衣：縫腋袍と同型の袍であるが、色や材質は自由であった。
16) 烏帽子：黒い薄絹で作られた貴族たちの日常のかぶり物（48, 49ページ参照）。
17) 狩衣：袖付けが後見頃に15cmくらいしかついていない衣（49ページ参照）。
18) 狩袴：足首をしばった幅の狭い袴。

●布袴

束帯の略式のもので、プライベートな行事などに着られました。束帯の表袴を指貫に代えた装いです。指貫は足首をしばった袴で、元来は麻布で作られたので布袴とよばれましたが、平安時代の指貫は絹で作られていました。

●衣冠

本来は夜間の出仕の時の装いなので、「宿直装束」とよばれました。行動しやすいように、束帯から半臂や下襲を取り去り、表袴に代えて指貫をはき、腰を紐帯で結んでとめた姿です。笏の代わりに檜扇を持ちます。襪もはきません。衣冠は、宿直の時だけでなく、広く行幸のお供や葬列の時などにも着られました。

●衣冠の姿
（『年中行事絵巻』 平安時代後期 『日本絵巻大成8 年中行事絵巻』 中央公論社 1977年）

位色の変遷

公服の袍の色は、平安時代前期までは養老の衣服令に定められた位色を用いていました（25ページの表1）。しかし中期以降になると、四位以上の袍の色はすべて黒に、五位は蘇芳（赤紫色）、六位は緑、七位から初位は縹（薄青色）へと変化します。そして、実際には七位以下の位の人はほとんどいませんでした。

プライベートな時の男性の装い

上流貴族の男性がプライベートな時に着たのが直衣です。下級貴族や武士の日常着は狩衣でした。このように私服（プライベートな服）にも身分差がありました。しかし上流貴族も、鷹狩りや蹴鞠などの時には、狩衣を着ました。

●直衣姿でくつろぐ貴族の男性と、唐衣裳装束で奉仕する女房たち
（『春日権現験記絵』 鎌倉時代 板橋貫雄模写 1870年 国立国会図書館デジタルコレクション）
烏帽子は黒い紗や黒い絹で作られ、漆を塗って高く立てた日常的なかぶり物。中国文化の影響が残っており、髷をあらわにみせるすることは恥ずかしいこととされ、床に伏すときもかぶっていた。鎌倉時代の絵なので、部屋全体に畳がしかれている。平安時代は、座る場所にだけしか畳はしかれなかった。しかし、平安時代の貴族の私邸での男女の姿もこのようなものであったであろう。

48

● 直衣

　直衣の時の装いは、表4（46ページ）のとおりです。天皇より、束帯や衣冠ではなく直衣での参内が許される特権階級の人もいました。しかしこの場合でも、頭には必ず冠をかぶらなければなりませんでした。

● 狩衣

　本来は鷹狩りの時に着た衣服なのでこの名があります。狩衣の基本的な着装は表4（46ページ）です。指貫は幅が広くゆったりとした袴なので、身分の低い者や武士は活動的な狩袴という幅の狭い袴をはきました。

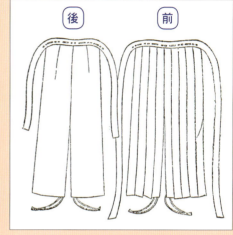

●狩衣（上）と指貫（下）
（『増訂故実叢書　歴世服飾考』吉川弘文館　1928年）

●狩衣の姿（上流貴族）
（『春日権現験記絵』　鎌倉時代　板橋貫雄模写　1870年　国立国会図書館デジタルコレクション）
狩衣は闕腋袍に似た形であるが、袖が前身頃は完全に離れており、後身頃だけが15cmくらい縫いつけられている服である。

●狩衣の姿（下級貴族）
（『年中行事絵巻』　平安時代後期『新修日本絵巻物全集 第24巻 年中行事絵巻』　角川書店　1978年）

女性の公の時の装い

平安時代の宮中には、天皇の妃や皇女たちとともに多くの女官がおり、この女官の公の装いが唐衣裳装束*です。現在つかわれている十二単**の名称は、鎌倉時代後期の『源平盛衰記』に初めて出てくるもので、江戸時代にその名が広まりました。

●唐衣裳装束

一番下に単を着ます。単は袿と同じ形ですが、裏がなく、袿よりも大きく仕立てられました。この上に袿を重ねます。袿の重ねは、基本的には5枚で一組ですが、6枚や7枚の重ねもみられました。一番表に、上等な材質で仕立てた表着（袿と同じ形の衣）を着て帯をしめます。さらにその上に唐衣を羽織り、後ろに裳をつけました。下には緋の長袴をはきます。

唐衣と裳は儀礼的な意味の強い装いですが、特にその意味が強いのが裳でした。出仕の時には、唐衣は着なくても裳を省くことはできませんでした。平安時代中期以降の上流階級の女性の成人儀礼は「裳着」です。裳をつける儀式で、13、4歳になるとおこなわれました。

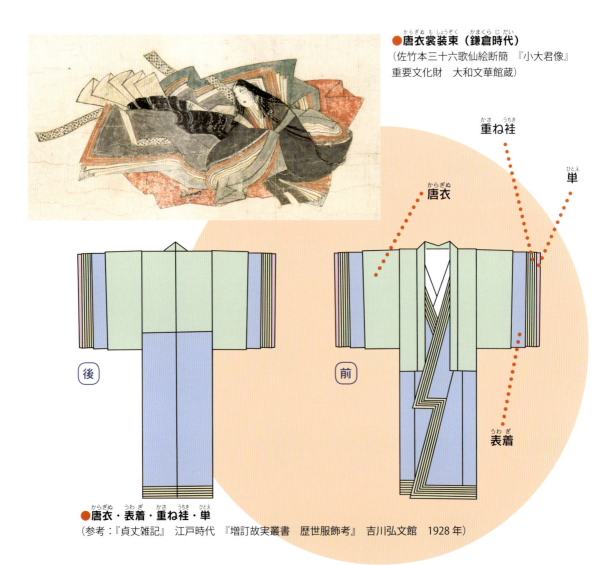

●唐衣裳装束（鎌倉時代）
（佐竹本三十六歌仙絵断簡 『小大君像』
重要文化財　大和文華館蔵）

●唐衣・表着・重ね袿・単
（参考：『貞丈雑記』 江戸時代 『増訂故実叢書　歴世服飾考』 吉川弘文館　1928年）

袴は平安時代初期までは裙の下にはかれていたものです。しかし裙（裳）が前までおおえなくなったために表に出てきて、形を整え、足首よりも長い丈のものになりました。髪型は長く垂らした垂れ髪で、黒くて長い髪は美人の大切な要素の一つでした。

儀式などの晴れの場面では、髪上げ***をして簪をさしました（52ページ）。そして肩に領巾を装い、袴は張袴（糊を強く張った袴）で、重ね袿と表着のあいだに打衣****を着ました。領巾は古墳時代後期からみられ、呪術的な意味を持った装身具でしたが、奈良時代に新たに唐の領巾の流行が伝わってきます。肩からかけて装う薄い絹の領巾は、平安時代初期には正装の必需品でしたが、しだいに用いられなくなっていきます。

髪上げ・髪飾り・領巾は、国風化した女性の装いのなかに唐風の伝統を残したものでした。この晴れの時の唐衣裳装束を受け継いで、江戸時代に形を整えて成立したのが、今日でも皇室で結婚式や重要な儀式の時に着られている十二単です。

女房が湯殿などに奉仕する時に着たものに湯巻（今木）があります。巻きスカートのようなものと考えられ、白絹で作られました。また、下仕えの女性たちは、小袖の上にスカート風の裳袴をはきました。湯巻や裳袴は中世以降、武家の女性の服装となっていきます。

●裳（復元品）
（衣生活研究会スライド　1972年頃作製）

●唐衣（復元品）
（衣生活研究会スライド　1972年頃作製）

---

*　唐衣裳装束　女官たちは女房とよばれたので、唐衣裳装束は女房装束ともよばれた。
**　十二単　単の上に、袿を12枚（たくさん）重ねるということから来た名称。単の上に袿を重ねると大変な重さになるので、平安時代にはたびたび重ねる枚数の制限令が出され、後期には5枚重ねが一般になる。12枚というのは誇張である。
***　髪上げ　奈良時代のような頭上での結髪が本来の髪上げであったが、平安時代末期には前髪をとって高くして束ね、後ろは垂髪とする髪型が多くなる。
****　打衣　砧で打って光沢を出した紅色の衣服で、唐衣裳装束でアクセントの役割をもった衣である。

51

プライベートな時の女性の装い

皇族以下貴族の女性の私邸での装いは、単と長袴の上に袿を数枚か重ねた袿姿でした。しかし、袿姿の上に、「小袿」や「細長」を重ねて少し改まった装いをする時もあります。小袿は表着の丈や袖幅を小さく仕立てたもので、人に会う時などに袿姿の上に着ました。私邸で宴などの催しがある時には、小袿姿の上にさらに細長を重ねました。細長の形は不明ですが、重ね袿・小袿の上に着るもので、しかも細長という名称から、細く長い形の衣服と考えられます。

●儀式の時の唐衣裳装束 （内教坊の舞姫）
（『年中行事絵巻』 平安時代後期 『新修日本絵巻物全集 第24巻 年中行事絵巻』 角川書店 1978年）
髪上げをして宝冠をつけ、領巾をかけた姿。

●小袿姿
（『春日権現験記絵』 鎌倉時代 板橋貫雄模写 1870年国立国会図書館デジタルコレクション）

●裳袴姿の下仕えの女性たち
（『石山寺縁起絵巻』 鎌倉時代 重要文化財 石山寺蔵 『新修日本絵巻物全集 第22巻 石山寺縁起絵』 角川書店 1979年）

52

③ 貴族たちのオシャレ

　貴族たちのオシャレの第一のポイントは重ねの美です。男女とも重ねの配色に心を配りましたが、ただ美的に色を組み合わせるというだけのものではありませんでした。配色に四季折々の植物の名前をつけ、組み合わせを着ることで、その植物の風情と季節感を装いに取り入れたのです。

　重ねの配色は、一枚の衣の表と裏の組み合わせが基本となります（54ページ）。当時の衣は、真夏以外はすべて袷仕立て（裏がついた仕立て）で、しかも袖口と衿元や裾などでは裏が表に少し出るように作られていました。これは、比較的安い裏の生地を少し出すことで高価な表生地のすり切れや汚れを防ぐ、という実用的な意図から始まったものです。しかし次第に、広い面積を占める表布の色とわずかにのぞく裏布の色との配色を楽しむようになりました。また、表が白や薄い色の場合は、表全体が裏の色と重なった色になります。

　男性の場合は、直衣と裾からのぞかせて装う下の衣との配色や、狩衣と袖つけのあきからのぞく下の衣との組み合わせが（49ページ）その中心でした。女性の場合は、袿をたくさん重ねることによりかもしだされる配色がその主なものとなります（55ページ）。配色を心得て、時や場にあった装いをすることは貴族たちの大切な教養の一つでした。

　もう一つかれらが心得ておかなければならなかったものに、禁色があります。禁色には二種類あり、一つは自分の位よりも上の位の色を着てはいけないというもので、もう一つは天皇の許しがなければ身につけてはいけない色があるというものでした。

　前者は、奈良時代の衣服令を受け継いだものですが、すでにみたように位色は四位以上の区別がなくなったので、平安時代で特権意識をいっそう強めたのは後者の禁色でした。その中心は、赤色と青色の織物の着用を許すというものです。赤色とは少し茶色みをおびた赤色で、赤白橡のことです。これは上皇（位をゆずった前天皇）と天皇が、宮中でおこなわれる宴の時などに着るものでした。また、青色とは青白橡のことで、青みをおびた黄緑色です。これは天皇が鷹狩の時などに着ました。たとえば、宮中での宴の時などに一番身分の高い公卿だけが、天皇や上皇と同じ赤色を着ることが許されるというようなものです。

●重ねの美
（『春日権現験記絵』　鎌倉時代　板橋貫雄模写　1870年　国立国会図書館デジタルコレクション）

53

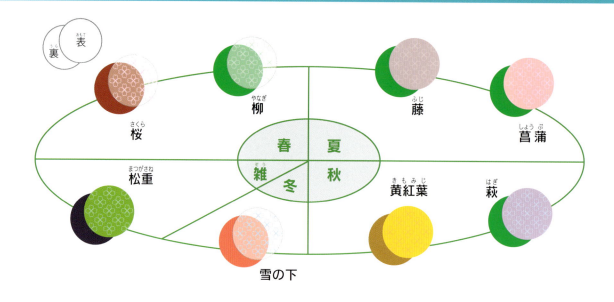

◇表5-① 表裏の組み合わせの一例

(著者作成)

季節	色目	表	裏	出典
春	梅	白	蘇芳	飾抄[1]
		白	紅	式目抄[2]
	紅梅	紅梅	蘇芳	飾抄・式目抄
	桜	白	蘇芳	式目抄
	柳	白	青	式目抄 ほか
夏	瞿麦	濃薄色	青	式目抄
		薄蘇芳	青	物具抄[3]
	菖蒲	薄紅	青	式目抄
		青	紅梅	雅亮[4]
	藤	薄色	青	式目抄 ほか
	花橘	黄	青	式目抄
秋	菊	白	青	式目抄 ほか
	移菊	中紫	青	式目抄 ほか
	黄紅葉	黄	濃黄	式目抄
		萌黄	黄	狩衣抄[5]
	萩	薄色	青	式目抄 ほか
冬	松雪	白	青	式目抄
	雪の下	白	紅	式目抄
		白	紅梅	雅亮
雑	松重	萌黄	紫	宸翰[6]
		蘇芳	萌黄	雅亮
	蘇芳	薄蘇芳	濃蘇芳	式目抄

1) 飾抄（1230年頃）
2) 式目抄（鎌倉時代末）
3) 物具抄：物具装束抄（1412年頃）
4) 雅亮：雅亮装束抄（平安時代末）
5) 狩衣抄（1339年）
6) 宸翰：宸翰装束抄（1310年頃）

「青」と記しているものは基本的には緑色である。「雑」は季節に関係なく着られるものである。

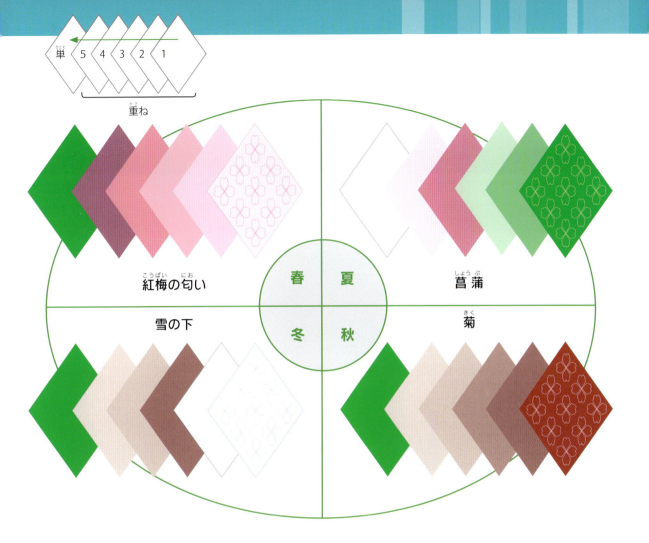

◆表5-② 5枚重ねの一例

『雅亮装束抄』より（著者作成）

季節	色目	重ね袿	単
春	紅梅の匂い	薄紅梅から濃紅梅の順に5枚	青
春	柳	表すべて白、裏薄青から濃青の順に5枚	紅
夏	菖蒲	青・濃青・薄青・濃紅梅・薄紅梅	白
夏	卯花	表すべて白、裏白・白・黄・濃青・薄青	白
秋	菊	表濃蘇芳から薄蘇芳の順に5枚、裏すべて白	青
秋	紅葉	紅・山吹・黄・濃青・薄青	紅
冬	雪の下	白・白・濃紅梅から薄紅梅の順に3枚	青
冬	紫の薄様	濃紫から薄紫の順に3枚・白2枚	白

5枚重ねについては51ページの注「十二単」を参照。基本的に表裏の配色をベースにして、同じ色の濃淡やグラデーションとなっている。

【4】庶民や子どもの服装と小袖

　平安時代後期になると絵巻物などに、庶民の生き生きとした姿が描かれるようになります。これらの絵巻物から庶民の服装をうかがうことができます。

庶民の男性の装い

　男性の多くは、頭に烏帽子または頭巾のようなものをかぶり、ひざの下でしばった丈の短い小袴をはいています。上半身には下図のような盤領の水干＊のような形の衣服を着る者が多いですが、直垂＊＊と同じ垂領の上衣を着る者もいました。いずれも活動しやすいように、上衣を袴の中に入れて着ています。草鞋や草履をはいている人もいますが、多くははだしです。

庶民の女性の装い

　多くの女性は腰くらいの長さの垂れ髪を首の後ろでしばっています。しかし、なかには肩までの長さで切りそろえたり、切りそろえた髪を首の後ろでしばった者もおり、女性の髪型はかなり自由だったようです。衣服は、筒袖を着流しにして＊＊＊腰布を巻いた姿が一般的でした。しかし、腰布を巻いていなかったり、袖無しの着流しという者もいます。女性もはだしが多いですが、草履・下駄履きもいました。

子供の服装

　上流家庭の女の子は、日常は袴の上に短い衵を着た姿でしたが、少し改まった時には、成人の女性と同じように細長（52ページ）を上に重ねることもありました。
　庶民の子どもは、男女ともほとんどの者は放り髪（肩くらいの長さで切った髪）です。かぶり物はないのが普通ですが、なかには黒い三角形の額当てをつけている者もいます。衣服は、ひじくらいまでの長さの筒袖の紐つきの衣服＊＊＊＊の着流しで、衣服の丈はひざ上ほどしかありません。ほとんどがはだしです。
　当時は、乳幼児は普通は裸でいたようで、乳児の場合は布などでくるまれていました。

●庶民の男性
（常盤光長 『伴大納言絵詞』 平安時代後期　模写本
国立国会図書館デジタルコレクション）
柔らかい烏帽子や頭巾をかぶり、水干を着て小袴をはく。

●子どもの手を引く庶民女性
（常盤光長 『伴大納言絵詞』 平安時代後期　模写本
国立国会図書館デジタルコレクション）
女性はひざ下くらいの丈の小袖の着流しに、腰に布を巻いた姿が多い。

●遊んでいる子どもたち
(『春日権現験記絵』 鎌倉時代 板橋貫雄模写 1870年 国立国会図書館デジタルコレクション)
蛇をいじめている子どもたちであるが、袖丈・着丈ともに短い小袖の着流し姿で、ほとんどの者が紐つきである。蛇を棒でついている少年は帯をしめていることから、少し年齢が高いことがわかる。

小袖を着るようになった貴族たち

　後期には、上流階級の人たちも、装束の一番下に「小袖」を着るようになります。小袖は、袖口がてのひらが通るくらいしかあいていない衣服のことで、小袖の一種の筒袖は、古墳時代から奈良時代にかけて身分を問わず着用されていました。しかし、奈良時代に中国からゆったりとした袍が伝わり、平安時代になると、貴族たちの衣服は袖口が60cm近くもあいた広袖となります。そして、かれらの住まいである寝殿造りは、床が高く壁のほとんどない建物だったので、冬の寒さには厳しいものがありました。寝殿造りの建物で暮らす貴族たちは、広袖の衣を何枚も重ねて着ましたが、袖口からは風が入り、寒さを凌ぐのは大変でした。一方で、庶民が着ていた小袖は袖口が小さいので風の侵入の少ない服です。そこで貴族たちは小袖に目をつけ、綿を入れて、防寒用の下着として着るようになりました。
　鎌倉時代以降の武家社会になると機能性が重んじられ、広袖を着る機会が減っていきます。そして平安時代後期から防寒用の下着として着られるようになった小袖が、しだいに表に出てくるようになっていきました。
　一方で、小袖(筒袖)は、機能的な衣服なので、庶民のあいだで着られ続けました。さらに中世以降、庶民の経済力が向上したことで、小袖の社会的地位も向上していきます。
　こうして、小袖が衣服の主流となっていき、近世なると、着るものといえば小袖のことなので、これを「着物」とよぶようになりました。

＊水干　狩衣を小さく仕立てた形の衣服で、平安時代には下級役人の服であったが、中世以降は上流武士が着るものとなった。
＊＊直垂　当初は武士が鎧の下に着た垂領の衣服であるが、中世以降は武士の日常的な衣服となる。
＊＊＊着流し　袴をはかない着物だけの姿。
＊＊＊＊紐つきの衣服　衣服をとめる紐が着物についているもので、成人前の子どもの着る衣服。

●貴族女性の袿姿の下の小袖
(土佐光長 『病草子』 平安時代後期 模写本 国立国会図書館デジタルコレクション)
袿重ねの下に白い小袖を着ている様子がうかがえる。

● 監修・著者略歴

増田美子 (ますだ・よしこ)

1944年生まれ。岡山県出身。お茶の水女子大学大学院修士課程修了。学習院女子大学名誉教授、国際服飾学会前会長。
主な著書に、『古代服飾の研究－縄文から奈良時代－』(源流社、1995年)、『日本衣服史』(編著、吉川弘文館、2010年)、『花
嫁はなぜ顔を隠すのか』(編著、悠書館、2010年)、『日本服飾史』(編著、東京堂出版、2013年)、『図説日本服飾史事典』
(編著、東京堂出版、2017年)などがある。

◎ 写真提供・協力 (ページ掲載順、敬称略)
衣生活研究会／国立歴史民俗博物館／久万高原町教育委員会／坂井考古館／函館市教育委員会／株式会社至文堂／国立国会図書館／埼玉県教育委員会／福
井県立若狭歴史博物館／桐生市教育委員会／佐賀県教育委員会／佐賀県立博物館／福岡市埋蔵文化センター／大阪歴史博物館／相川考古館／奈良県立橿原
考古学研究所附属博物館／文化庁／群馬県立歴史博物館／芝山はにわ博物館／埼玉県立さきたま史跡の博物館／ひたちなか市教育委員会／中宮寺／奈良国
立博物館／文部科学省／大河原典子／東京藝術大学大学美術館／宮内庁侍従職／宮内庁正倉院事務所／醍醐寺／松尾大社／株式会社KADOKAWA・角川書
店／株式会社中央公論新社／株式会社吉川弘文館／大和文華館／石山寺

◎ 参考文献
『定本 和の色事典』(第7刷 視覚デザイン研究所 2014年)

ビジュアル
日本の服装の歴史　①原始時代〜平安時代

2018年10月26日　初版1刷発行
2020年 3月 6日　初版2刷発行

監　修　増田美子
著　者　増田美子
発行者　鈴木一行
発行所　株式会社 ゆまに書房

　　　　東京都千代田区内神田2-7-6
　　　　郵便番号　101-0047
　　　　電話　03-5296-0491 (代表)

印刷・製本　株式会社 シナノ
本文デザイン　高嶋良枝

©Yoshiko Masuda 2018　Printed in Japan
ISBN978-4-8433-5218-2 C0639

落丁・乱丁本はお取替えします。
定価はカバーに表示してあります。